U0143254

WHAT IS ECONOMICS

经济学是什么

梁小民 著

北京大学出版社
PEKING UNIVERSITY PRESS

图书在版编目(CIP)数据

经济学是什么/梁小民著. —北京:北京大学出版社,2017.1
(人文社会科学是什么)
ISBN 978-7-301-26947-3

Ⅰ.①经… Ⅱ.①梁… Ⅲ.①经济学—通俗读物 Ⅳ.①F0-49

中国版本图书馆 CIP 数据核字(2016)第 032595 号

书　　　名	经济学是什么	
	JINGJIXUE SHI SHENME	
著作责任者	梁小民　著	
策 划 编 辑	杨书澜	
责 任 编 辑	魏冬峰　闵艳芸	
标 准 书 号	ISBN 978-7-301-26947-3	
出 版 发 行	北京大学出版社	
地　　　址	北京市海淀区成府路 205 号　100871	
网　　　址	http://www.pup.cn	
电 子 信 箱	zpup@pup.cn	
新 浪 微 博	@北京大学出版社	
电　　　话	邮购部 62752015　发行部 62750672　编辑部 62750673	
印 刷 者	北京中科印刷有限公司	
经 销 者	新华书店	
	890 毫米×1240 毫米　A5　11 印张　217 千字	
	2017 年 1 月第 1 版　2022 年 10 月第 4 次印刷	
定　　　价	48.00 元	

阅 读 说 明

亲爱的读者朋友：

　　非常感谢您能够阅读我们为您精心策划的"人文社会科学是什么"丛书。这套丛书是为大、中学生及所有人文社会科学爱好者编写的入门读物。

　　这套丛书对您的意义：

　　1. 如果您是中学生，通过阅读这套丛书，可以扩大您的知识面，这有助于提高您的写作能力，无论写人、写事，还是写景都可以从多角度、多方面展开，从而加深文章的思想性，避免空洞无物或内容浅薄的华丽辞藻的堆砌（尤其近年来高考中话题作文的出现对考生的分析问题能力及知识面的要求更高）；另一方面，与自然科学知识可提供给人们生存本领相比，人文社会科学知识显得更为重要，它帮助您确立正确的人生观、价值观，教给您做人的道理。

　　2. 如果您是中学生，通过阅读这套丛书，可以使您对人文社会科学有大致的了解，在高考填报志愿时，可凭借自己的兴趣去选择。因为兴趣是最好的老师，有兴趣才能保证您在这个领域取得成功。

　　3. 如果您是大学生，通过阅读这套丛书，可以帮助您更好地进入自己的专业领域。因为毫无疑问这是一套深入浅出的教学参考书。

4. 如果您是大学生,通过阅读这套丛书,可以加深自己对人生、对社会的认识,对一些经济、社会、政治、宗教等现象做出合理的解释;可以提升自己的人格,开阔自己的视野,培养自己的人文素质。上了大学未必就能保证就业,就业未必就是成功。完善的人格,较高的人文素质是保证您就业以至成功的必要条件。

5. 如果您是人文社会科学爱好者,通过阅读这套丛书,可以让您轻松步入人文社会科学的殿堂,领略人文社会科学的无限风光。当有人问您什么书可以使阅读成为享受? 我们相信,您会回答:"人文社会科学是什么"丛书。

您如何阅读这套丛书:

1. 翻开书您会看到每章有些语词是黑体字,那是您必须弄清楚的重要概念。对这些关键词或概念的把握是您完整领会一章内容的必要的前提。书中的黑体字所表示的概念一般都有定义。理解了这些定义的内涵和外延,您就理解了这个概念。

2. 书后还附有作者推荐的书目。如您想继续深入学习,可阅读书目中所列的图书。

我们相信,这套书会助您成为人格健康、心态开放、温文尔雅、博学多识的人。

序　一

让人文情怀和科学精神滋润心田

北京大学校长

林建华

　　一直以来，社会都比较关注知识的实用性，"知识就是力量""科学技术是第一生产力"，对于一个物质匮乏、知识贫乏的时代来说，这无疑是非常必要的。过去的几十年，中国经济和社会都发生了深刻变化，常常给人恍如隔世的感觉。互联网＋、跨界、融合、大数据，层出不穷、正以难以想象的速度颠覆传统……。中国正与世界一起，经历着更猛烈的变化过程，我们的社会已经进入到以创新驱动发展的阶段。

　　中国是唯一一个由古文明发展至今的大国，是人类发展史上的奇迹。在近代史中，我们的国家曾经历了百年的苦难和屈辱，中国人民从未放弃探索伟大民族复兴之路。北京大学作为中国最古老的学府，一百多年来，一直上下求索科学技术、人文学科和社会科学的发展道路。我们深知，进步决不是忽视既有文明的积累，更不可能用一种文明替代另一种文明，发展必须充分吸收人类积累的知识、承载人类多样化的文明。我们不仅应当学习和借鉴西方的科学和人文情怀，还要传承和弘扬中国辉煌的文明和智慧，这些正是中国大学的历史使命，更是每个龙的传人永远的精神基因。

通俗读物不同于专著，既要通俗易懂，还要概念清晰，更要喜闻乐见，让非专业人士能够读、愿意读。移动互联时代，人们的阅读习惯正在改变，越来越多的人喜欢碎片化地去寻找和猎取知识。我们真诚地希望，这套"人文社会科学是什么"丛书能帮助读者重拾系统阅读的乐趣，让理解人文学科和社会科学基本内容的欣喜丰盈滋润心田；我们更期待，这套书能成为一颗让人胸怀博大的文明种子，在读者的心田生根、发芽、开花、结果。无论他们从事什么职业，都能满怀人文情怀和科学精神，都能展现出中华文明和人类智慧。

历史早已证明，最伟大的创造从来都是科学与艺术的完美结合。我们只有把科学技术、人文修养、家国责任连在一起，才能真正懂人之为人、真正懂得中国、真正懂得世界，才能真正守正创新、引领未来。

2015 年 8 月

序 二

重视人文学科　高扬人文价值

原北京大学校长

人类已经进入了 21 世纪。

在新的世纪里，我们中华民族的现代化事业既面临着极大的机遇，也同样面临着极大的挑战。如何抓住机遇，迎接挑战，把中国的事情办好，是我们当前的首要任务。要顺利完成这一任务的关键就是如何设法使我们每一个人都获得全面的发展。这就是说，我们不但要学习先进的自然科学知识，而且也得学习、掌握人文科学知识。

江泽民主席说，创新是一个民族的灵魂。而创新人才的培养需要良好的人文氛围，正如有些学者提出的那样，因为人文和艺术的教育能够培养人的感悟能力和形象思维，这对创新人才的培养至关重要。从这个意义上说，人文科学的知识对于我们来说要显得更为重要。我们迄今所能掌握的知识都是人的知识。正因为有了人，所以才使知识的形成有了可能。那些看似与人或人文学科毫无关系的学科，其实都与人休戚相关。比如我们一谈到数学，往往首先想到的是点、线、面及其相互间的数量关系和表达这些关系的公理、定理等。这样的看法不能说是错误的，但却是不准确的。因为它恰恰忘记了数学知识是人类的知识，没有人类的富于创造性的理性活动，我们是不可能形成包括数学知识在内的知识系统的，所以爱因斯坦才说："比如整数系，显然是人类头脑的一种发明，一种自己创造自己的工具，它使某些感觉经验的整理简单化了。"数学如此，逻辑学知识也这样。谈到逻辑，我们首先想到的是那些枯燥乏味的推导原理或公式。其实逻辑知识的唯一目的在于说明人类的推理能力的原理和作用，以及人类所具有的观念的性质。总之，一切知识都是人的产物，离开了人，知识的形成和发展都将得不到说明。

因此我们要真正地掌握、了解并且能够准确地运用科学知识，就必须首先要知道人或关于人的科学。人文科学就是关于人的科学，她告诉我们，人是什么，人具有什么样的本质。

现在越来越得到重视的管理科学在本质上也是"以人为本"的学科。被管理者是由人组成的群体，管理者也是由人组成的群体。管理者如果不具备人文科学的知识，就绝对不可能成为优秀的管理者。

但恰恰如此重要的人文科学的教育在过去没有得到重视。我们单方面地强调技术教育或职业教育，而在很大的程度上忽视了人文素质的教育。这样的教育使学生能够掌握某一门学科的知识，充其量能够脚踏实地完成某一项工作，但他们却不可能知道人究竟为何物，社会具有什么样的性质。他们既缺乏高远的理想，也没有宽阔的胸怀，既无智者的机智，也乏仁人的儒雅。当然人生的意义或价值也必然在他们的视域之外。这样的人就是我们常说的"问题青年"。

当然我们不是说科学技术教育或职业教育不重要。而是说，在学习和掌握具有实用性的自然科学知识的时候，我们更不应忘记对于人类来说重要得多的学科,即使我们掌握生活的智慧和艺术的科学。自然科学强调的是"是什么"的客观陈述,而人文学科则注重"应当是什么"的价值内涵。这些学科包括哲学、历史学、文学、美学、伦理学、逻辑学、宗教学、人类学、社会学、政治学、心理学、教育学、法律学、经济学等。只有这样的学科才能使我们真正地懂得什么是真正的自由、什么是生活的智慧。也只有这样的学科才能引导我们思考人生的目的、意义、价值,从而设立一种理想的人格、目标,并愿意为之奋斗终身。人文学科的教育目标是发展人性、完善人格,提供正确的价值观或意义理论,为社会确立正确的人文价值观的导向。

国外很多著名的理工科大学早已重视对学生进行人文科学的教育。他们的理念是,不学习人文学科就不懂得什么是真正意义的人,就不会成为一个有价值、有理想的人。国内不少大学也正在开始这么做,比如北京大学的理科的学生就必须选修一定量的文科课程,并在校内开展多种讲座,使文科的学生增加现代科学技术的知识,也使理科的学生有较好的人文底蕴。

我们中国历来就是人文大国,有着悠久的人文教育传统。古人云:"文明以止,人文也。观乎天文,以察时变,观乎人文,以化成天下。"这一传统绵延了几千年,从未中断。现在我们更应该重视人文学科的教育,高扬人文价值。北京大学出版社为了普及、推广人文科学知识,提升人文价值,塑造文明、开放、民主、科学、进步的民族精神,推出了"人文社会科学是什么"丛书,为大中学生提供了一套高质量的人文素质教育教材,是一件大好事。

2001 年 8 月

目 录
CONTENTS

像经济学家一样思考

　　经济学理论并没有提供一套立即可用的完整结论。它不是一种教条，只是一种方法、一种心灵的器官、一种思维的技巧，帮助拥有它的人得出正确结论。

——约翰·梅纳德·凯恩斯

　　约翰·梅纳德·凯恩斯(John Maynard Keynes, 1883—1946),能创建"主义"的经济学家并不多,凯恩斯以其 1936 年出版的《就业、货币和利息通论》而创立了作为现代宏观经济学的凯恩斯主义。作为一位精于理论和实践的经济学家,凯恩斯对经济学有许多独到的见解,我们引用的这段话就堪称经典。

提倡人人都读点经济学，并不是希望人人都成为以经济学为职业的经济学家。也不是因为经济学告诉了我们致富的点金术，而是因为在现代社会中人人都应该像经济学家一样思考问题。

经济学家是如何思考的？他们的思考与我们没有学过经济学的人有什么不同？像经济学家一样思考对个人和社会有什么好处？要了解这一切，我们先要知道经济学研究什么，以及经济学家是如何研究这些问题的。

1　你经常处于选择之中

人们对经济学是什么有不同的理解。有人认为经济学研究经邦济世的大学问，有人认为经济学研究致富之路，有人认为经济学研究生产关系，还有人认为经济学无非是一些自命为经济学家的人的智力游戏。

这些说法颇像瞎子摸象一样,都抓住了一个侧面,但又都不准确、不全面。要了解经济学研究什么,还要从经济学的起源谈起。

人类社会的基本问题是生存与发展。生存与发展就是不断地用物质产品(以及劳务)来满足人们日益增长的需求。需求来自于人类的欲望。欲望的特点在于无限性,即欲望永远没有完全得到满足时。一个欲望满足了,又会产生新的欲望。用中国的一句俗话来说,就是"人心不足蛇吞象"。在中文中这句话有点贬义。中国传统道德观是"存天理,灭人欲",把人的欲望作为罪恶之源。其实,人心要足了,社会还会发展吗? 正是欲望的无限性推动了人类不断去追求,去探索,这才有了社会进步。

人的欲望要用各种物质产品(或劳务)来满足,物质产品(或劳务)要用各种资源来生产。但谁都知道,自然赋予人们的资源是有限的。一个社会无论有多少资源,总是一个有限的量,相对于人们的无限欲望而言,资源量总是有限的、不足的。这就是经济学家所说的"**稀缺性**"。这里所说的稀缺不是指资源的绝对量多少,而是指相对于无限欲望的有限性而言,再多的资源也是稀缺的。稀缺性是人类社会面临的永恒问题,它与人类社会共存亡。当穷国政府为把有限的财政收入用于基础设施建设还是教育方面而争论不休时,富国政府也为把收入用于国防还是社会福利发愁;当穷人为一日三餐担心时,富人正在考虑是打桥牌还是打高尔夫球。这些都是稀缺性不同的表现形式。

稀缺性决定了每一个社会和个人必须做出**选择**。欲望有轻重缓急之分，同一种资源又可以满足不同的欲望。选择就是用有限的资源去满足什么欲望的决策。选择要决定用既定的资源生产什么、如何生产和为谁生产这三个基本问题。这三个问题被经济学家称为资源配置问题。经济学正是要研究选择问题的，或者说研究资源配置问题的。正是在这一意义上，经济学被称为"选择的科学"。美国经济学家斯蒂格利茨在他的《经济学》中就指出："经济学研究我们社会中的个人、企业、政府和其他组织如何进行选择，以及这些选择如何决定社会资源的使用方式。"

我们说经济学研究选择问题或资源配置并不是说它可以直接告诉你如何去做，而是向你提供一套解决这个问题的工具和方法，告诉你解决这个问题可供选择的思路。经济学的理论并不难，难的是运用。能否用这些理论去赚大钱或经邦治国，则取决于你的"悟性"。例如，经济学告诉我们，个人或国家之间的贸易有利于双方。这就是说，通过贸易来配置资源可以增加双方的福利。这个原则很简单，但与谁贸易、如何贸易则是复杂得多的问题，不能灵活地处理这些问题，贸易的好处恐怕只是纸上谈兵。

总之，经济学产生于稀缺性，它要解决任何一个社会和个人都面临的选择或资源配置问题。因此，经济学是一门与我们每个人都密切相关的科学。这正是我们要学习经济学的基本原因。

2 选择与制度

做出选择或资源配置决策并付诸实施的过程就是经济活动。人是社会的人，任何社会经济活动都在一定的社会中进行。各个社会做出选择或资源配置的方式称为**经济制度**。所以，经济学与经济制度密切相关。

在现代社会中有两种选择或资源配置的方式，即两种经济制度：**计划经济**与**市场经济**。计划经济又称命令经济，是由中央计划者集中做出选择或资源配置决策的经济制度，市场经济是由市场分散做出选择或资源配置决策的经济制度。这两种经济制度的差别在三个基本问题上。第一，决策机制不同。计划经济下，选择的决策是由至高无上的中央计划机制做出的；在市场经济下，选择的决策是由参与经济的千千万万个人分散地独立做出的。第二，协调机制不同。计划经济是一个金字塔式的等级体系，用自上而下的命令方式来贯彻决策、保证决策的协调；市场经济则由价格来协调千千万万个人的决策，使这些决策一致。第三，激励机制不同。计划经济的决策与协调机制决定了激励是以集体主义为中心，强调"大河没水小河干"；市场经济则以个人利益为中心，强调"小河有水大河满"。

可以从经济效率、经济增长和收入分配三个方面来比较这两种

1950 年代的波兰，人们在一家国营商店门口排起长队。在计划经济时代，由于商品的短缺，人们排长队购买生活必需物资是常见的现象。

经济体制。应该说这两种经济制度各有利弊。从 20 世纪总体经济状况来看，市场经济优于计划经济。可以说，经济上成功的国家都采取了市场经济制度，而采用计划经济的国家无一成功者。正由于这一原因，在 20 世纪 80 年代之后，原来采取计划经济的国家纷纷转向市场经济。市场经济是组织经济活动的一种好方式这个信念已成为绝大多数人的共识。但市场经济并非完美无缺，因此，还需要政府用各种干预手段来纠正市场经济的缺点。经济学家把这种以市场调节为基础，又有政府适当干预的经济制度称为**混合经济**。混合经济决不是市场经济和计划经济的结合，而是对市场经济的改进。因此，混合经济也可以称为现代市场经济。

经济学正是研究现代市场经济下的选择或资源配置问题的。我国的经济也正在转向市场经济，因此，所适用的也应该是这种经济学。这正是我们提倡学习经济学的另一个重要理由。

　　市场经济是一种根本性的资源配置方式,决定着一个社会的总体方向。但要使这种经济制度能够有效地运行,还需要有许多具体的制度保证。例如,产权制度保护个人财产所有权,这是个人独立决策的经济基础。契约制度规范了人们在经济和交易中的权、责、利,从而使有利于各方的交易得以实现。货币制度降低了交易中的费用,从而提高了市场配置资源的效率,等等。所有这些制度是从市场经济制度衍生出来的,是为市场经济服务的。这些制度的作用一是规范人们的行为,二是提供一种激励。例如,专利制度对侵权行为进行限制就规范了人们对发明的行为,也激励了人们去进行发明活动。没有这些具体的制度,市场经济也不会有效率。正是在这个意义上,经济学家强调了制度的重要性。我们在分析选择或资源配置的问题时假设这一套完整的制度是存在的。这套制度的作用与建立是制度经济学所研究的问题。

3　经济学家如何研究选择问题

　　社会与个人面临选择问题,经济学家如何研究这些问题,为解决选择问题提供一种思路呢? 我们以近年来学术界颇为关注的"轿车进入家庭"来说明这一点。

　　是否让轿车进入家庭是我们的社会所面临的一个选择问题。经济学家认为这个问题实际上包括两个不同的内容。一是轿车能否进入家庭,二是轿车是否应该进入家庭。对这两个不同的内容,经济学家用了两种不同的方法。

轿车能否进入家庭涉及汽车需求量和汽车价格、消费者收入水平等因素之间的关系,这种关系是客观存在的。通过分析可以得出在收入达到什么水平以及价格为多少时,汽车可以进入家庭。分析这个问题时,经济学家用的是**实证方法**。实证方法排斥价值判断,只客观地研究经济现象本身的内在规律,并根据这些规律分析和预测人们经济行为的后果,用实证方法分析经济问题称为实证表述,其结论也可以称为实证经济学。

轿车是否应该进入家庭涉及人们的价值判断,即轿车进入家庭是一件好事还是坏事。不同的人看法不同,得出的结论也完全不同。经济学家以某种价值判断为基础分析这一问题,称为**规范方法**。规范方法以一定的价值判断为基础,提出分析处理经济问题的标准,并以此为依据评价或规范某种经济行为。用规范方法分析经济问题称为规范表述,其结论可以称为规范经济学。

这两种方法都可以研究选择问题,但有三点不同。第一,对价值判断的态度不同。价值判断指对一种现象社会价值的评价,就经济问题而言,可以说是对社会或个人已经做出或即将做出的某种选择的评价。价值判断取决于人的立场和伦理观,有强烈的主观性。不同的人对同一种选择可以有完全不同的价值判断。实证方法为了使经济学具有客观性而强调排斥价值判断;规范方法要评价或规范经济行为则以一定的价值判断为基础。第二,要解决的问题不同。实证分析要解决"是什么"的问题,即确认事实本身,研究经济现象(即某一种选择)的客观规律与内在逻辑。规范分析要解决"应该是什么"的问题,即说明经济现象的社会意义。第三,实证分析得出的结论是客观的,可以用事实进行检验;规范分析得出的结论是主观的,无法进行检验。

在经济学中,实证方法和规范方法都有其不同的作用。如果我们把经济学作为一门科学,作为认识世界的工具,那么,我们就应该放弃价值判断,像物理学家或化学家一样冷静、客观地分析经济现象。但如果是要制定政策,以改善世界,那么,就要以一定价值判断为基础评价某种经济现象。这两种方法是密切相关的。但经济学家强调,经济学的主要任务还是认识世界,而且,做出评价的基础也是对客观现象的认识,因此,在经济学研究中,经济学家更多地运用了实证分析方法。

运用实证方法研究经济问题是从对经济现象的观察出发得出经验性结论,然后再通过进一步观察检验这些结论,并发展或修改这些结论。这也是所有实证科学(物理学、生物学等自然科学)遵循的方法。现实世界是复杂的,为了简化现实中不必要的细节,在运用实证方法研究问题时首先要做出假设,然后在这一假设之下研究所涉及的经济变量之间的关系,提出假说(未经证明的理论),最后用事实来检验这些假说。例如,在研究汽车能否进入家庭这一问题时,我们可以首先假设其他影响汽车需求量的因素(如政府政策、汽油价格、汽车价格等)不变,分析汽车需求量和收入水平之间的关系,得出在收入为多少时汽车可大量进入家庭的假说,最后根据不同收入水平时汽车实际销售量的数据来检验所得出的假说。如果这个假说正确,就成为理论;如果不正确就要进行修改。用这种方法进行研究时可以建立汽车需求量与收入水平的经济模型。在现实中,经济学家通常用数学方法建立经济模型。

经济学家用实证方法研究经济问题,使经济学成为一门科学。我们在本书中所介绍的经济学理论基本都是运用这种方法得出的,因此,我们对实证研究方法要有所了解。

4　如何像经济学家一样思考

经济学家在研究经济问题时用了一套独特的方法、工具和概念,建立了反映市场经济中经济规律的理论。当一般人仅仅看到经济中各种问题的现象时,经济学家却抓住了事物的本质,这正是经济学家的高明之处。只有认识事物的本质,掌握经济规律才能做出正确的决策,这正是我们要学习经济学的原因。但学习经济学并不是要用现成的理论去套现实问题,而是要学会一套分析这些问题的方法。经济学不可能为所有问题都提供现成的答案,但能教会我们分析这些问题的方法。我们每天都会遇到许多经济问题,也需要随时做出许多选择的决策。像经济学家一样思考就是要学会用经济学提供的方法、工具、概念和理论来分析现实问题,并做出正确的决策。

像经济学家一样思考,就是要学会用经济学提供的方法、工具、概念和理论来分析现实问题,并做出正确的决策。

那么,我们如何才能像经济学家一样思考,并做出正确的选择决策呢?我们用几个事例来说明这一点。

例一:小王原来是某机关的一个处长,年薪 2.4 万。在下海高潮中他也辞职下海经商,一年下来赚了 5 万元,他认为自己下海是对的。经济学家如何看待小王的下海得失呢?

经济学家认为,世界上没有白吃的午餐,做出任何决策都要付出代价。在资源既定的情况下,选择了某个决策就要放弃另一个决策,得到了点什么就不得不放弃点什么,正如中国古话所说的:"鱼和熊掌不能兼得",得到鱼就要放弃熊掌,得到熊掌就要放弃鱼。经济学家把为了得到某种东西而所放弃的东西称为**机会成本**。把这个概念用在小王身上,他下海赚到 5 万元的机会成本是什么,或者说放弃了什么呢?首先,他放弃了当处长每年的年薪 2.4 万元。其次，一个处长的收入决不仅仅是工资，还有许多隐性收入，例如，可以享受公费医疗、以成本价购买住房、夏天可以公费度假、年底还可以分些年货，等等，据估计一个处长的这些额外收入每年约为2万元左右，这也是小王所放弃的。再者，小王下海需要的资金中有10万元是自己历年的储蓄，用自己的资金当然不用支付利息，但也不能存在银行中得到利息，假定利率为每年5%，这样，小王又放弃了5000元的利息收入。最后，小王当处长时，每天8小时上班，机关工作是清闲的，晚上还可以舞文弄墨，给报刊写点小文章，一年下来亦可有1万元收入，下海后这份闲情没有了，当然这份收入也失去了。以上放弃的4种收入共计5.9万元，得到5万元，付出的机会成本是5.9万元，当然是得不偿失。在不考虑机会成本时，小王认为自己下海赚了，但像经济学家一样考虑到机会成本，即所放弃的东西时，就知道下海亏了，还是"商海无边，回头是岸"的好。

人们在考虑到机会成本时，所做的决策会更明智。例如，最近报上讲到硅谷离婚率低。其实这并不是因为硅谷的夫妻们感情好，更重要的是对于时间就是金钱的硅谷创业者来说，把许多时间用在离婚诉讼上，机会成本实在太高了。

例二：小李最近正在考虑是上一个电脑培训班，还是会计培训班。假设电脑班收费5000元，会计班收费3000元（业余时间学习，不考虑机会成本）在学习后得到的收入为多少时，小李该上哪个培训班呢？

经济学家在分析这个问题时使用了**边际分析法**。"边际"这个词在经济学中常见，许多人觉得不好理解，其实这就像隔着一层窗户纸，捅破了就没什么神秘的了。经济学家把所研究的各种变量分为自变量和因变量，自变量是最初变动的量，因变量是由于自变量变动而引起变动的量。边际分析就是分析自变量变动与因变量变动的关系。自变量变动所引起的因变量变动量称为边际量。在考虑一个决策时，重要的是考虑边际量，因此，要运用边际分析法。

经济学家运用边际分析法做出决策时把从事一项活动（例如，参加某个培训班）所增加的成本称为边际成本，把从这项活动中得到的好处称为边际收益。如果边际收益大于（至少等于）边际成本，就可以从事这项活动，如果边际收益小于边际成本，就万万不可从事这项活动。我们可以用这种方法来给小李出主意。参加电脑班的边际成本是 5000 元，参加会计班的边际成本是 3000 元，因此，只要参加电脑班后增加的收入（即边际收益）大于或等于 5000 元，参加会计班后增加的收入（即边际收益）大于或等于 3000 元，参加这两个班就是有利的。如果参加两个班都是边际收益大于边际成本，当然是选择大得多的那个班了。我们在做出某种选择决策时，所考虑的不是成本和收益的总量，而是增加量（即边际量），这一点在现实运用中极为重要。

例三：小刘经营一家保龄球场。根据他的会计师计算，每玩一局的平均总成本（包括房屋租金、设备折旧、所耗电力以及支付给工作人员的工资等）为 10 元。如果每局的价格高于 10 元，经营当然有利；如果每局的价格等于 10 元，也可以实现收支相抵；但如果午夜时价格降至 7 元仍然有人来玩，而高于 7 元则无人玩，小刘是应该把价格降为 7 元继续经营呢，还是不降价停业呢？

乍一看这个问题很简单，票价降至 7 元低于平均总成本，谁会这样亏本经营呢？但经济学家的分析却不是这样简单，结论也不同。经济学家认为在设备等无法改变的短期内，平均总成本中包括平均固定成本与平均可变成本。平均固定成本包括玩一局应分摊的房租、设备折旧、管理人员工资等费用。固定成本是无论是否经营都要支出的费用，因此，在这种情况下也可以称为沉没成本，是已经支出而不可收回的成本。平均可变成本是每一局所需的支出（如所耗电力的费用、服务人员增加工时的工资等），有人玩就要支出，没人玩就可以不支出。这就是说，在短期内保龄球场停业所节省的仅仅是可变成本，而固定成本无论是否经营都是要支出的。我们假设小刘所经营的这个保龄球场的平均总成本 10 元中，平均固定成本为 6 元，平均可变成本为 4 元（在保龄球场这种固定支出大的企业中平均固定成本大于平均可变成本）。这样，在价格为 7 元时经营就仍然是有利的，因为在用 4 元弥补了平均可变成本后，仍可剩下 3 元弥补平均固定成本。固定成本无论是否经营都已支出了，能弥补 3 元当然比一分钱都弥补不了好。就小刘的这个保龄球场而言，只要价格高于 4 元，经营就比不经营好。固定成本属于已经支出无法收回的沉没成本支出，在做出短期经营决策时可以不予考虑。这就是一般所说的"过去的事就让它过去吧"！不能影响现在的决策。你觉得经济学家分析的有道理吗？

　　这几个例子说明了经济学家考虑分析问题的确有高明之处。在过去的计划经济中，中央计划者替我们安排好了一切，我们每个人都是计划经济这部大机器中的一个螺丝钉，自己不必做决策，也不必动脑子（自己动脑子有主意也许还会招来杀身之祸，成为"右派"分子呢）。现在的市场经济中，我们每一个人都要做出自己的选择、自己的决策，而且，整个市场经济的成功也取决于每个人决策的正确性。这样，我们就要学点经济学，学会像经济学家一样思考问题。

　　经济学包括的内容十分丰富，我们在这本书中所介绍的是一些最基本的概念、工具、方法和理论。这些内容有助于你学会像经济学家一样思考，也有助于你分析各种现实经济问题，从而有助于你做出更加理性的决策。如果你对经济学有兴趣，也可以此为起点，读一些更高深的书，进入经济学这座科学圣殿。

　　许多人觉得经济学枯燥、乏味、抽象、难学。的确，如果你读一本充满数学推导公式的经济学教科书一定会有这种感觉。但经济学本来来自现实生活，应该是丰富多彩而生动活泼的。我们这本书就想还经济学本来的面貌，让大家在轻松的阅读中学到经济学的基本知识。那么，我们是否做到了这一点呢？希望你读完这本书后把自己的感想告诉我们。

价格如何调节经济

　　每个人都在力图应用他的资本，来使其生产品能得到最大的价值。一般地说，他并不企图增进公共福利，也不知道他所增进的公共福利是多少。他所追求的仅仅是他个人的安乐，仅仅是他个人的利益。在这样做时，有一只看不见的手引导他去促进一种目标，而这种目标决不是他所追求的东西。由于追逐他自己的利益，他经常促进了社会利益，其效果要比他真正想促进社会利益时所得到的效果为大。

——亚当·斯密

　　亚当·斯密(Adam Smith，1723—1790)，如果要评选人类历史上最伟大的经济学家，恐怕非斯密莫属。他1776年出版的《国富论》揭示了市场经济的运行规律。他关于一只"看不见的手"(价格)自发调节经济的思想至今仍然是"经济学皇冠上的宝石"。如果说牛顿是现代物理学的奠基人，斯密就是现代经济学的奠基人。斯密所建立的古典经济学与牛顿所建立的经典力学同样辉煌，是我们从蒙昧走向科学的起点。

18 世纪英国古典经济学家亚当·斯密认为人是利己的经济人，他所做出的选择是为了实现个人利益最大化，但由于有一只看不见的手的调节，这种追求个人私利的活动增加了社会利益。这只看不见的手就是价格。在市场经济中，个人独立做出决策，但这些决策又是协调的，共同促进了社会利益，协调这种个人决策的正是价格，因此，价格是市场经济的调节者。价格的这种协调作用是市场经济有活力地运行的关键。直至今天，经济学家仍把斯密这种价格调节经济的思想称为"经济学皇冠上的宝石"。我们要了解市场经济的运行，必须从了解价格如何调节经济开始。

1　通俗歌手数量与门票价格

要了解价格如何调节经济，首先要了解价格是如何决定的。有一种说法认为价格最终是由包含在商品中的劳动量决定的。但这种说法往往无法解释许多现实现象。例如，一个美声唱法歌手要经过长期训练，而且唱歌时付出的劳动支出也多；一个通俗歌手甚至不认识简谱也可以唱歌，而且唱歌付出的劳动比美声唱法并不多，但在市场上美声唱法演唱会的门票比通俗唱法演唱会的门票低得多。劳动量的多少无法解释这种价格差，引起这种价格差的主要原因是需求：美声唱法作为一种阳春白雪的艺术，需求极为有限；而通俗唱法作为一种下里巴人的艺术，需求极大。可见决定价格的关键不是商品（或劳务）中所包含的劳动量，而是对这种商品（或劳务）的供求。供求决定价格这是市场经济中的基本规律，所以，要了解价格的决定首先要了解需求与供给。

我们先来谈需求。**需求**是在某一时期内在每一种价格时消费者愿意而且能够购买的某种商品量。这里要注意"愿意而且能够购买"这几个字。"愿意"是指有购买欲望，"能够"是指有购买能力，所以可以说，需求是购买欲望和购买能力二者的统一，缺少哪一个都不能成为需求。用我们的例子说，想听通俗歌手唱歌而买不起门票的人没有这种需求，能买得起门票但不愿听通俗歌曲的人也没有这种需求，只有既想听又买得起票的人才构成对通俗歌手演唱会的需求。

影响某一种商品需求的因素就是影响对这种商品购买欲望与购买能力的因素。我们把这种因素概括为四种：价格、收入、消费者嗜好与预期。价格和收入主要影响购买能力，消费者嗜好和预期主要影响购买欲望。价格包括商品本身的价格，也包括相关商品的价

我们也许对娱乐明星的才华和成就不以为然，但却无法
否认由他们带动的粉丝狂热所创造的巨大经济效益。

格。相关商品包括替代品与互补品，以通俗歌曲演唱会为例，唱片
是其替代品（尽管不能完全替代），唱片价格下降，演唱会需求会减
少；听演唱会时停车服务是演唱会的互补品（也是不完全互补），听
演唱会时停车收费下降，演唱会需求也会增加。收入对购买能力的
影响是显而易见的。消费者嗜好受消费时尚的影响，消费时尚受示
范效应和广告效应影响。例如，国外某歌星走红，国人也会受国外
影响爱听该歌星的歌曲，这是示范效应；报纸媒体对某歌星的宣传
会使年青人爱听该歌星的歌，这是广告效应。预期包括收入与价格

预期,影响消费者的购买欲望。

在说明需求如何影响价格决定时,我们假设除商品本身价格以外的其他因素都不变,只分析商品本身价格与该商品需求量之间的关系。根据经验我们知道,在其他因素不变时,某种商品的需求量与其价格反方向变动,即价格上升,需求量减少;价格下降,需求量增加。这在经济学中被称为**需求定理**。

再来看供给。**供给**是在某一时期内在每一种价格时生产者愿意而且能够供给的某种商品量。供给仍然是生产者供给欲望和供给能力的统一,但更重要的是供给能力。

影响某一种商品供给的因素包括价格、生产要素的数量与价格、技术水平和预期。价格和预期主要影响供给欲望,生产要素数量与价格以及技术水平主要影响供给能力。

在说明供给如何影响价格决定时,我们仍假设除商品本身价格以外的其他因素都不变,只分析商品本身价格与该商品供给量之间的关系。根据经验我们知道,在其他因素不变时,某种商品的供给量与其价格同方向变动,即价格上升,供给量增加,价格下降,供给量减少。这在经济学中被称为**供给定理**。

某种商品的需求量与供给量都受价格的影响。当市场上这种商品的需求量与供给量相等时就决定了市场上这种商品的价格。这种价格既是消费者愿意支付的需求价格又是生产者愿意接受的供给价格,我们称为**均衡价格**。这时的需求量与供给量也相等,称为**均衡数量**。在现实中,均衡价格就是市场上的成交价格,均衡数量就是市场上的成交量。

　　这里要注意的是,价格(即均衡价格)是在市场竞争过程中自发形成的。当某种商品的供给大于需求时,生产者为了把东西卖出去会竞相降价;当某种商品的供给小于需求时,消费者为了得到东西会竞相提价;当供给量与需求量相等时,既不会降价又不会提价,这时的价格就称为市场上自发决定的均衡价格。

　　供求决定价格,所以,供求的变动也会引起价格的变动。如果需求增加(例如,想听通俗歌曲演唱会的人增加了),则均衡价格会上升(门票价格提高),均衡数量增加(通俗歌曲演唱会增加);同理可以推出,需求减少,均衡价格下降,均衡数量减少。如果供给增加(例如,通俗歌手增加),则均衡价格会下降(门票价格下降),均衡数量增加(通俗歌曲演唱会增加);同理可以推出,供给减少,均衡价格上升,均衡数量减少。需求和供给变动所引起的均衡价格和均衡数量的不同变动在经济学中称为**供求定理**。

　　别看供求决定价格的原理很简单,这是经济学家分析经济问题最基本的工具。我们分析经济中各种因素的变动如何影响价格和交易量时,首先看这种因素影响需求还是供给,或者两者都影响,然后看这种因素如何影响需求和供给(使供求增加还是减少),最后就可以得出价格和交易量变动的结论了。例如,一次全国性通俗歌手大赛又评出了一批歌星,这对通俗歌曲市场有什么影响呢?我们首先可以确定这件事对需求影响不大,主要影响供给;其次,我们可以确定这使通俗歌手供给增加;在需求不变而供给增加时,通俗歌曲演唱会门票价格会下降,而演出量会增加。与前些年比,这些年通俗歌曲演唱会门票下降而演出增加,正是由于不断推出了新歌手。

2 一只看不见的手

价格在市场上是自发地由供求关系决定的,也是在自发地调节经济。

价格在市场经济中起着重要的作用。这种作用可以概括为三点:

第一,传递信息。市场上有成千上万的消费者和生产者,每一个个别的生产者和消费者很难了解整个市场的供求情况,因为他们不可能去做详细的市场调查。但是,他们却可以通过观察价格变动的情况来无代价地及时获得供求变动的情况。如果某种商品价格上升,就说明出现了供小于求的情况;反之,如果这种商品价格下降,就说明出现了供大于求的情况。价格每时每刻都在变动,及时把市场供求的变化信息传递给消费者和生产者,使他们做出正确的决策。价格的这种传递信息的作用是其他任何方法(如固定的供求信息发布会)所取代不了的。

第二,提供刺激。我们知道,在市场经济中,生产者和消费者都是经济人,他们进行消费和生产是为了实现个人利益的最大化,而价格是影响他们个人利益最重要的因素。价格下降会使消费者获益,他们会增加消费;但却会使生产者受损失,从而减少供给。反之,价格上升会使消费者受损失,从而减少消费,但却会使生产者受益,从而增加供给,所以,如果要改变消费者或生产者的行为,价格是一种最有力的刺激手段。例如,如果你想让消费者节约用水,可以运用宣传手段,可以实行行政性命令,也可以提高价格,在这三种方法中,显然价格手段最有效。同样,如果你想鼓励通俗歌手多开演唱会,可以劝告、可以命令,也可以提高价格,在这三种方法中,也是价格手段最有效。在各种激励手段中,价格不是唯一的,但却是最重要而且最有效的。

第三,通过价格的调节可以使消费者与生产者的决策协调,实现供求相等的最优资源配置。在市场经济中,成千上万的消费者和生产者分散地、独立地做出决策,如何使这些决策协调一致呢?只要价格能起到这种作用,消费者就可以根据价格做出自己的购买决策,生产者也可以根据价格做出自己的生产决策。当某种商品供小于求价格上升时,消费者不约而同地减少购买,而生产者不约而同地增加生产,这最终会使供求相等;当供求相等时,价格不再上升,实现了均衡,消费者不再减少购买量,生产者不再增加生产量。市场实现了供求相等,也就是资源得到了最优配置——消费者的需求得到了满足,生产者生产的产品全部卖出去了;当某种商品供大于求价格下降时,同样的过程也会反方向发生作用,使供求平衡。价格不断地变动调节供求就是看不见的手调节经济活动使资源配置实现最优化的过程。价格在经济中的这种作用同样是其他手段(如

计划经济下的行政手段）所不能代替的。

乍一看，市场经济有无数互不相关的独立决策者，又没有一个明确的协调机构，但市场经济的运行却非常和谐而有序，其奥妙正在于价格的自发调节作用。每一种因素引起的变动都会在价格调节之下得到完满的解决。例如，更多的年轻人由于受媒体宣传的影响喜爱听通俗歌曲，这时对通俗歌曲演唱会的需求增加而供给未变，价格上升。消费者用愿意购买高价票表达了他们对通俗歌曲的热爱。通俗歌曲演唱会门票价格上升使唱通俗歌曲成为一个有利的行业，愿意当通俗歌手的人也增加了，其中一定会有一些人成功，成为歌星。歌星增加，通俗歌曲演唱会增加，门票价格又会下降。当价格变动到消费者愿意支出而歌手也愿意接受时，通俗歌曲演唱会市场实现了供求均衡。而且这个过程也相当快。如果设想一下，年轻人对通俗歌曲的爱好不能通过价格表现，而是反映给某个中央计划机构，再由中央计划机构下达任务增加歌手（正如计划经济下的情况那样),能有这样令人满意的结果吗?

每个人都在价格调节之下做出选择,这种选择使资源配置实现供求相等的最优,这就是价格自发调节下市场经济所实现的效率。正是这种效率使市场经济战胜了计划经济。

3　5元票价的冲击

如前所述,价格要能起到这种作用就必须没有什么供求之外的因素影响价格的决定与变动。换言之,价格是在自发地起着调节经济的作用。如果某种外在的力量(如政府)要限制价格的决定,或人为地决定价格,并以行政或立法的非经济强制力量来实行这种非市场价格,会发生什么结果呢?我们用两个实例来分析这个问题。

例一:某些医院专家门诊的最高价格为14元。这是政府规定的专家门诊的最高价格,违反这一规定就是违法。这种价格称为**价格上限**或最高价格。这种价格会引起什么后果呢?由于价格低,无论大病、小病,人人都想看专家门诊。但由于价格低,专家看病的积极性并不高,这样供小于求,存在短缺。在存在短缺而价格又不能上升的情况下,只有三种方法来解决这一问题。第一,采用配给制,即由医院决定谁能看专家门诊。这时,掌管挂号的人就有可能出现受贿现象,即谁送礼就把号给谁。第二,采用排队制,即按先来后到的顺序排队挂号,每天有限的号挂完为止。这时,病人为了能看到专家门诊就要提前排队（或由亲友排队）。排队使人们把本来能用于从事生产活动的时间用于不带来任何产品或劳务的排队，是一种资源浪费。第三，出现黑市，即出现了一批以倒号为业的号贩子，他们把每个号卖到100元。尽管公安部门屡次打击号贩子，但由于丰厚的利润（价格上限14元与黑市价格100元之间的差额86元），号贩子屡禁不止。最近，医院为了对付号贩子，实行了实名制看病（用身份证挂号就医），但仍没解决问题，变化只是号贩子由卖号变为卖排队的位子，可见只要存在价格上限，短缺就无法消除，号贩子决不会消失。

其实正确的做法是放开价格，随着价格上升，人们的需求减少（小病不找专家，大病、疑难病症才找专家），愿意看病的专家增加，才能最终实现供求相等。这时，号贩子无利可图，自然也就消失了。有关部门出于对专家门诊价格太高，许多低收入者看不起病的担心而限制价格，出发点无可厚非，但在供小于求、号贩子横行的情况下，低收入者就可以看得起，或看得上专家门诊了吗？当然，放开专家门诊涉及更广泛的医疗改革问题（如医院分级收费、医与药分开、完善社会保障体系等），但看来要解决专家门诊的供求矛盾，从根本上铲除号贩子，还是要放开价格。这正是医疗市场化改革的重要内容之一。

例二：21世纪初，四川成都把电影票的最低价格定为10元。这是政府规定的电影票的最低价格，违反这一规定就是违法。这种价格称为**价格下限**或最低价格。这种价格会引起什么后果呢？由于价格高，许多人不愿意看电影，或看不起电影，因此，去电影院看电影的人很少，电影院门可罗雀。这时电影院的供给大于群众看电影的需求，存在过剩现象，电影院效益低下，亏损严重，有些要靠政府补贴生存，有些则改作它用。本来电影是人们重要的娱乐方式，也是教育人民、提高精神文明的重要手段。但在高价格之下，电影却没人看。许多人就去买盗版光盘，这反而又助长了违法的盗版光盘生产。

成都峨眉影业公司率先打破这一规定，推出了 5 元票价。这种做法使电影院重新火爆起来，许多几年没进过电影院的人都去看电影，电影院上座率大大提高，影院的收入也大大增加。但对这样一件放开价格的好事却引起有关方面的反对，以至全国爆发了一场关于 5 元票价的大争论。尽管有关方面以担心电影院之间发生价格战为由反对这种做法，但 5 元票价得到经济学界和广大观众的一致欢迎，以后又出现了郑州的 2 元票价，及其他地方的降价。这件事说明，有些部门仍深受计划经济的影响，总想人为地控制价格。5元票价的冲击和意义实际已经超出了电影界。

改革 20 多年来我国经济有了长足发展，经济已由供给短缺变为供给充分（甚至过剩），其关键就在于放开了价格。广东在改革之初放开鱼价，曾引起鱼价上升。但这种上升有力地刺激了养鱼业的发展，现在人们可以吃到丰富而价格又不高的鱼了。可以说，我们改革的成功正在于利用了价格的调节作用。但在有些部门，价格仍未放开，存在不同形式的限制价格（当然以后我们会说明有些情况下价格还应该受到限制），这就引起短缺或过剩问题。市场经济的原则是能由价格调节的尽量交给价格去调节,充分发挥价格的调节作用。以后的市场经济改革还应该沿着这个方向发展、深化。

4　薄利多销与谷贱伤农

在以上的分析中,我们说明了需求量与价格之间反方向变动的关系。但从经验中我们可以知道,这两者并不是同比例变动的。例如,如果中小学教科书和小说书都提价 50%,谁都知道中小学教科书的需求量几乎不会减少,而小说书的需求量则会大大减少。说明需求量与价格之间数量关系的概念是**需求弹性**。这个概念对我们运用供求关系分析各种经济问题是十分有用的。

需求弹性又称需求价格弹性,指需求量变动对价格变动的反应程度,用需求量变动的百分比除以价格变动的百分比来计算。例如,某商品的价格上升了 10%,需求量减少了 15%,则需求弹性为1.5(按计算应该是－1.5,为了方便取其绝对值)。

不同的商品需求弹性不同。如果需求弹性大于 1,则为**需求富有弹性**;如果需求弹性小于 1,则为**需求缺乏弹性**。需求富有弹性是小幅度的价格变动引起需求量大幅度变动(如小说书),需求缺乏弹性是大幅度的价格变动引起需求量小幅度变动(如中小学教科书)。决定某种商品需求弹性大小的因素主要是需求强度和替代品的多少。一般而言,生活必需品缺乏弹性而奢侈品富有弹性,替代品越少越缺乏弹性,替代品越多越富有弹性。例如,中小学教科书就是由于必需且无替代品(指定用书)极为缺乏弹性;小说书则属于休闲的奢侈品且有许多替代品(其他休闲类书)而富有弹性。

从需求弹性我们还可以推导出其他弹性:某种物品需求量变动与收入变动之间的关系是**需求收入弹性**;一种物品需求量变动与另一种物品价格变动之间的关系是**需求交叉弹性**;某种物品需求量变动与该物品广告支出变动之间的关系是**需求广告弹性**;某种物品供给量变动与其价格变动之间的关系是**供给弹性**,等等。这些弹性概念对我们分析许多现实问题极为有用,是重要的分析工具。我们来看两个例子。

例一:为什么某种化妆品降价会实现薄利多销,而小麦降价却使农民受损失。

我们知道,化妆品属于奢侈品且有众多替代品,因此,需求富有弹性。需求富有弹性的商品价格变动百分比小,而需求量变动百分比大。总收益等于销售量(即需求量)乘价格。当这种物品小幅度降价时需求量大幅度增加,从而总收益增加,这就是薄利多销的含义。但小麦属于生活必需品且替代品少,因此,需求缺乏弹性。需求缺乏弹性的商品价格变动百分比大,而需求量变动百分比小。当这种物品大幅度降价时需求量只有少量增加,从而总收益减少。这就是谷贱伤农的原因。

例二:如果对高档奢侈品征税,谁将承受这种税收的负担。

乍一看,答案很简单,谁购买这些高档奢侈品当然是谁纳税,谁承受税收负担。实际上问题并不是这么简单，直接纳税人并不一定是最后的税收承担者。有些税纳税人也是税收承担人，如个人所得税。但有些税纳税人可以把税收负担转嫁出去，如香烟的税收由生产者和经营者交纳。但可以通过提价来转移给消费者，实际最后是烟民承担了税收负担。这个问题是税收归宿问题，涉及税收负担在生产者和消费者之间的分摊。税收分摊则与弹性概念相关。一般来说，如果需求富有弹性而供给缺乏弹性，税收负担主要由生产者承担；如果需求缺乏弹性而供给富有弹性，则税收负担主要由消费者承担。香烟就是后一种情况，而高档消费品则属前一种情况。高档奢侈品属奢侈品且有众多替代品，需求富有弹性，但在短期中生产难以减少，故而供给缺乏弹性。这样高档奢侈品的税收实际落在了生产者身上。1990 年美国国会决定对豪华汽车、游艇等高档消费品征税，其目的是让消费这些物品的富人交税，以帮助穷人。结果富人不消费这些物品（用国外旅游等替代），税收由生产者承担，生产者无法经营只好解雇工人，旨在帮助穷人的政策却害了穷人，1993 年不得不取消了这种税收。

以上这两个例子说明，弹性的概念对产品定价、政府制定政策都十分重要。了解了这个概念使你对许多问题的分析会更深入，能通过现象看到本质，因此，弹性概念是供求分析工具中一个重要的组成部分。

供求由生产者与消费者决定，那么，消费者与生产者又如何决策呢？这正是我们以下几章的内容。

家庭的决策

经济学是一门使人生幸福的艺术。

——萧伯纳

　　萧伯纳(George Bernard Shaw,1856—1950),著名的英国戏剧作家、文学家和社会主义宣传家,1925 年获诺贝尔文学奖。萧伯纳以写喜剧著称,为人言谈诙谐而幽默。他对经济学家亦有嘲讽。在谈到经济学家之间的争论时,他说:"如果把所有经济学家首尾相接地排成一队,他们也得不出一个结论。"但我们所引用他的关于经济学的这段话,的确是至理名言。

家庭既是消费者,也是生产要素供给者,它做出选择决策的目的是为着自己的利益。在市场经济中它如何做出决策,做出哪些决策,这些决策又如何影响经济呢?

1 幸福＝效用/欲望

经济学所研究的实际是面对限制条件下的最大化问题。这就是说,社会和每个人都面临稀缺性(这就是限制条件),所做出选择的目标是实现利益最大化。这适用于各种决策,也同样适用于家庭。

家庭或者个人所追求的是自己的最大幸福。这就是说,人要使自己这一生过得尽可能幸福。对于幸福,不同人有不同的理解,哲学家把实现个人自由作为幸福;文学家把浪漫情调作为幸福;政治家把实现自己的理想抱负作为幸福;企业家把商业成功作为幸福;

对 1980 年代一个普通中国家庭来说，拥有一台黑白电视机，也许就能获得最大的满足，感觉到极大的幸福。

而凡夫俗子往往觉得"平平淡淡就是福"。不同的人对幸福有不同的理解，如果这样，经济学家就无法用一个客观标准来研究幸福了。为了把幸福作为一个经济问题来研究，美国经济学家萨缪尔森提出了一个幸福方程式：幸福＝效用/欲望。这就是说，幸福等于效用与欲望之比。

从这个公式来看，幸福取决于两个因素：效用与欲望。当欲望既定时，效用越大越幸福；当效用既定时，欲望越小越幸福。效用与幸福同比例变动，欲望与幸福反比例变动。但是，如果我们把欲望作为无限的，这个公式就没有意义了。因为无论效用有多大，只要它是一个既定的量，与无限的欲望相比，幸福都是零，因此，在从经济学的角度研究幸福时，我们假定欲望是既定的，这种假定与现实也并不矛盾。因为尽管从发展的角度看，欲望是无限的。但在某一个阶段内欲望可以看作既定的。欲望的无限性表现为一个欲望满足之后又会产生新的欲望，在一个欲望未满足前，我们可以把这个欲望作为既定的。当欲望为既定时，人的幸福就取决于效用，因此，我们简单地把追求幸福最大化等同于追求效用最大化。

效用是人从消费某种物品（或劳务）中所得到的满足程度。一般情况下，消费的各种物品越多，所得到的效用也越大。这样，我们又可以把效用最大化与占有的物品最多化联系起来。当物品价格为既定时，收入越多，所能购买的物品越多，这样，物品最多化也就是收入最大化。这样，我们就可以把效用最大化和收入最大化都作为家庭决策的目标，它们在家庭的不同决策中起着作用。

家庭实现这种效用或收入最大化的限制条件是所拥有的资源。家庭的资源有劳动、资本和土地（及其他自然资源）。但对一般人而言，主要还是劳动。劳动是人的体力与智力的支出，每个人拥有的劳动时间与劳动质量都是有限的。例如，人一天能劳动的时间最多不过 24 小时，这就是资源的有限性。人的决策正是要以有限的资源实现效用或收入的最大化。

在经济中，家庭提供自己的资源得到收入，并把收入用于储蓄（或投资）和消费，因此，家庭的决策包括了四个内容：第一，提供多少资源（劳动）；第二，把多少收入用于储蓄（或投资），多少用于消费；第三，如何进行储蓄（或投资）；第四，如何进行消费。

在市场经济中，调节家庭决策的仍然是价格。家庭的任何一种决策都是以最大化为目标对价格所做出的反应。我们以下分别研究家庭的每一种决策。

2 中彩票者完全不工作

家庭所拥有的资源——时间——是有限的,家庭要把这种时间配置于两种活动——工作与闲暇——之间,这种配置就决定了提供多少劳动。

这里所说的"工作"指一切有酬的活动,"闲暇"指一切无酬的活动。例如,闲暇包括家务劳动或其他社会义务劳动,当然也包括休息。决定家庭把多少时间用于工作,多少时间用于闲暇的,是劳动的价格——工资。例如,每小时劳动若干元。

工资的变动通过替代效应和收入效应来影响劳动的供给。替代效应是指工资增加引起的工作对闲暇的替代。闲暇没有收入,但闲暇以放弃工作为代价,所以,可以用工作的报酬——工资——来衡量闲暇的机会成本。例如,如果工作一小时工资为 10 元,那么,闲暇一小时的机会成本就是 10 元。随着工资增加,闲暇的机会成本增加,人们就要减少闲暇,用工作来代替闲暇。这就是说,工资增加引起的替代效应使家庭提供的劳动供给增加。

工资增加还会引起另一种效应——收入效应。这就是随着工资增加,人们的收入增加。我们知道,收入增加引起消费者对各种正常物品(随收入增加而增加的物品)需求增加。闲暇也是一种正常物品,因此,随着收入增加,对闲暇的需求也增加。要增加闲暇必须减少工作,因此,工资增加引起的收入效应是使家庭提供的劳动供给减少。

工资的变动同时产生替代效应和收入效应,但这两种效应对劳动供给的影响正好相反。最后的结果如何取决于哪一种效应大。具体来说,如果工资增加引起的替代效应大于收入效应,则随着工资增加,家庭提供的劳动供给增加;反之,如果工资增加引起的收入效应大于替代效应,则随着工资增加,家庭提供的劳动供给减少。

家庭提供劳动的决策既要考虑所得到的收入,又要考虑闲暇。收入增加购买的物品增加会带来效用增加,闲暇增加也会带来效用增加。家庭的决策是为了效用最大化,因此,就要综合考虑物品的效用与闲暇的效用。一般的规律是,当收入水平低时,物品所带来的效用往往大于闲暇带来的效用,因此,替代效应大于收入效应,随着工资增加,家庭提供的劳动增加;随着收入水平提高,物品所带来的效用递减,而闲暇带来的效用增加,当收入达到一定水平之后,物品所带来的效用小于闲暇所带来的效用,这时,收入效应大于替代效应,随着工资增加,家庭提供的劳动减少。每个家庭都是这样做出决策的,因此,从整个社会来看,在经济发展的初期阶段,劳动供给随工资增加而增加。但在经济发展到一定阶段之后,劳动供给就会随工资增加而减少。

如果我们考虑一下每个家庭的劳动供给决策,就知道这个模式概括了一般的行为方式。当家庭收入低时,随着工资提高,家庭劳动人口增加(妇女走出家庭参加工作,甚至子女辍学工作),每个人劳动时间也延长,这就增加了劳动供给。但当家庭收入达到一定水平时,随着工资提高,家庭劳动人口减少(妇女回家相夫教子,子女上学时间更长),每个人劳动时间也减少(现在欧洲有些国家的周工作时数已减少至 35 小时)。在现代社会中,社会劳动增加主要是由于人口增长引起的劳动者增加,而不是依靠每个劳动者劳动时间的延长。经济学家还用中彩票者完全不工作说明了这一点。中彩票获巨奖相当于工资收入突然极大提高,因此,收入效应远远大于替代效应,家庭选择完全不工作。

如同物品的价格调节供求,使之均衡一样,劳动的价格——工资——也调节劳动的供给,使之均衡。我们这里所分析的是工资变动如何通过替代效应和收入效应影响家庭劳动供给的决策,从而影响劳动供给。另一方面,工资的变动也影响企业的劳动需求。工资的变动使劳动供求相等。

3 "及时行乐"

家庭在通过提供劳动获得收入之后,把多少收入用于消费,多少收入用于储蓄呢?这种决策同样取决于效用最大化的目标。

家庭把收入用于消费是在现在购买物品(与劳务),以便获得效用,可以称之为现期消费。家庭把收入用于储蓄的目的仍然是为了消费,不过不是为了现在的消费,而是为了未来的消费。消费者是理性的,所以,家庭做出这个决策时所考虑的目标不是现在一时的效用最大化,而是一生的效用最大化。

家庭在决定把多少收入用于现期消费(消费),多少收入用于未来消费(储蓄)时,认为现在的一元消费和未来的一元消费是不同的。因为未来是不确定的。这就是说,家庭知道现在用一元钱所买的东西能给他带来的效用,但对未来一元钱所买的东西能给他带来多少效用则不能确定。例如,未来如果发生了通货膨胀,则同样的一元未来买的东西就比现在少,或者即使能买到同样的东西,未来东西的效用也不如现在的东西大。这就是人们对同样数量现在消费的评价要大于未来消费,或者对现在一元的评价要大于未来的一元。"及时行乐"这句话正说明了人们的这种心态。

在家庭对同样数量现期消费的评价大于未来消费的情况下,要使人们放弃现期消费进行储蓄,或者说要使人们用未来消费来代替现期消费,就必须提供一种补偿,或称为"时间贴水"。这种补偿就是为储蓄提供利息收入。当利息高到一定程度时,人们就愿意减少消费,增加储蓄。利率是资本的价格,利率决定家庭消费与储蓄的决策。只要利率高到一定程度,家庭就会用储蓄替代消费。例如,如果利率为一年 10％,现在消费的 100 元,在第 2 年时就可以消费 110 元。如果家庭认为第 2 年消费的 110 元所得到的效用大于或至少等于现在消费的 100 元,他就会放弃现在消费的 100 元,而把这 100 元用于储蓄;反之,如果家庭认为第 2 年消费所得到的效用小于现在消费的 100 元,他就要把这 100 元用于现在的消费,而不是用于储蓄,因此,家庭消费与储蓄的决策是根据利率——资本的价格——做出的。

家庭的储蓄决定了资本的供给,企业的投资决定了资本的需求,利率的自发调节使资本的供求相等。

当然,决定家庭储蓄与消费决策的还有其他因素,例如,家庭所处的生命周期阶段(家庭处于中年时期时,收入中用于储蓄的部分多,以便为退休后的生活作准备)、社会保障的完善程度、家庭未来的必要支出——如子女学费——的多少、父母给子女留遗产的动机,等等。但无论如何,利率是一个重要的因素。

4 "不要把所有的鸡蛋放在一个篮子里"

家庭收入中用于消费之后的部分统称为储蓄。但这种储蓄可以采取多种形式,既可以作为储蓄存入银行,也可以用于直接投资。直接投资又分为金融资产投资、实物资产投资和人力资本投资。金融资产是在金融市场上购买债券和股票,债券包括中央政府债券、地方政府债券和公司债券。实物资产投资包括房地产、艺术品等的投资。人力资本投资是对人体力与智力的投资。如花钱受教育或接受某种职业培训,这种支出形式能提高工作和赚钱能力,称为人力资本投资。

家庭进行储蓄或投资的目的是为了未来的收入最大化。这种收入的大小可以用收益率来表示。但值得注意的是，由于未来是不确定的，今天的投资要在未来才有收益，所以，未来的收益是不确定的。这就是说，家庭在做出储蓄或投资决策时，既要考虑到储蓄和各种形式投资的收益，又要考虑到它们的风险。一般的情况是一种形式的投资，其风险越大，收益也越大；风险越小，收益也越小。例如，银行存款几乎没有什么风险，所以，利率也不高；某些新型高科技公司发行的垃圾债券或股票，风险极大，一旦这些企业破产，则这些债券与股票就一文不值。但其收益也大，即一旦这些公司成功，则收益率极高。

在考虑到风险时，收益率就是未来预期的收益率，这种收益率要考虑到风险的情况。例如，购买某公司的股票 1 万股共 100 万元，获得 20％红利的概率为 0.4，获得 10％红利的概率为 0.4，无红利的概率为 0.2（可以根据该公司以前的红利情况计算出这些概率）。在这种情况，该公司未来预期的收益为：

$(100 万 \times 0.2) \times 0.4 + (100 万 \times 0.1) \times 0.4 + (100 万 \times 0) \times 0.2 = 8 万 + 4 万 + 0 = 12 万$

这时，未来的预期收益率为：

$12 万 \div 100 万 = 0.12$

这 12％就是考虑到该股票可能存在的风险时，未来所能获得的收益率。

我们假设在现实中一般家庭都是风险厌恶者，即不喜欢风险，也可以说风险厌恶是人们的共同偏好。在这种偏好为既定时,要鼓励人们愿意从事风险投资,有风险时的未来预期收益率就要大于无风险时的未来预期收益率。这两种收益率之间的差额称为"风险贴水",即给予承担风险的报酬。例如,如果无风险的银行存款利率是8％,有风险的股票的未来预期收益率为12％,则这两者之间的差额4％就是风险贴水。如果无风险时的收益率与有风险时未来预期收益率相等,风险厌恶者就不会投资于有风险的项目。

　　家庭在做出储蓄与各种投资的决策时,既要考虑收益又要考虑风险。为了使风险最小而收益最大,家庭要投资于各种有不同风险与收益的资产。这就是说,既不能完全投资于无风险的项目(如银行存款),又不能完全投资于有风险的项目(如公司债券或股票),而是要把不同风险与收益的项目组合起来。这种做法称为资产组合。

资产组合的中心用一句俗话来概括就是"不要把所有的鸡蛋放在一个篮子里",或者说,要实现投资的多元化。

在现代社会里,家庭的储蓄与投资决策是十分重要的。从整个经济而言,这种储蓄与投资是资本的重要来源,影响整个经济的发展。对个人而言,这是增加收入,实现自己收入与效用最大化的重要手段。投资涉及许多专业知识,而且,在家庭资产有限时要实现多元化也不容易。这样,在现代社会就产生了投资咨询公司和共同基金。投资咨询公司为个人投资理财提供专业服务,共同基金把个人的投资集中起来由专业人士进行多元化投资。这些都为家庭做出储蓄与投资决策提供了方便。

5　吃第三个面包同吃第一个面包感觉是不同的

家庭用于消费的支出要购买各种物品与劳务,家庭消费这些物品与劳务的目的是实际效用最大化,即从消费这些物品与劳务中所得到的总满足程度最大化,或者说总效用最大化。家庭在做出这种决策时的限制条件是家庭能用于购买这些物品与劳务的收入是有限的(无论绝对量是多少,它总是一个既定的量),以及这些物品与劳务的价格是既定的(由整个市场的供求关系决定)。在收入与物品和劳务的价格既定时,如果家庭购买的物品与劳务实现了效用最大化,就实现了消费者均衡。

　　如前所述,效用是消费者消费某种物品或劳务时所得到的满足程度。效用是一种主观心理感觉,一种物品或劳务给消费者带来的效用大小完全取决于消费者本人的评价。同一种物品或劳务会给不同的消费者带来不同的效用。我们在分析效用最大化问题时涉及两个概念:**总效用和边际效用**。总效用是消费一定量某种物品与劳务所带来的满足程度。边际效用是某种物品的消费量增加一单位所增加的满足程度。我们还记得边际一词是指两个变量之间变动的关系。自变量变动一单位引起因变量变动的大小就是边际量。在边际效用这个概念中,某种物品的消费量是自变量,满足程度的增加量是因变量,所以,消费量增加一单位引起的满足程度增加量就是边际效用。

　　我们可以用一个数字例子来说明总效用和边际效用的概念。我们消费面包,消费 1 个面包的总效用为 10 个效用单位,2 个面包的总效用为 18 个效用单位,3 个面包的总效用为 23 个效用单位,4 个面包的总效用为 25 个效用单位。当消费的面包从 1 个增加到 2 个时,总效用从 10 个效用单位增加到 18 个效用单位,边际效用是 8 个效用单位;当消费的面包从 2 个增加到 3 个时,总效用从 18 个效用单位增加到 23 个效用单位,边际效用是 5 个效用单位;当消费的面包从 3 个增加到 4 个时,总效用从 23 个效用单位增加到 25 个效用单位,边际效用是 2 个效用单位。

　　从上面的例子中可以看出随着消费的面包数量增加,边际效用是递减的。这并不是我们有意编造的例子,而是反映了消费中的一

个重要规律：边际效用递减规律。这一规律指随着某种物品消费量
的增加，满足程度（总效用）也在增加，但所增加的效用（边际效用）
在递减，这种现象普遍存在于各种物品与劳务的消费中，因此称为
一个规律。其实这种现象你在生活中早体验过，例如，在我们的例
子中，吃第一个面包与第三个面包的感觉肯定不同。尽管面包质量
相同，但你会感觉到第一个面包又香又甜，而第三个面包味同嚼蜡。
这就是边际效用递减。

可以用各种理由来解释边际效用递减，但最重要的是一种生理
解释。效用，即满足程度是人神经的兴奋，外部给一个刺激（即消费
某种物品给以刺激，如吃面包刺激胃），人的神经兴奋就有满足感
（产生了效用）。随着同样刺激的反复进行（消费同一种物品的数量
增加），兴奋程度就下降（边际效用递减）。这个规律说起来很简单，
但对我们理解消费者的行为，说明家庭如何消费十分重要。

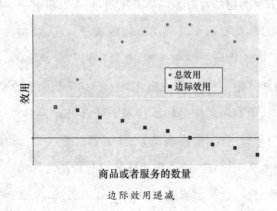

边际效用递减

家庭要在收入与价格为既定的情况之下实现效用最大化。家庭要购买各种物品与劳务，目的是实现效用最大化。如何实现呢？我们假设家庭只购买并消费两种物品：面包与饮料。经济学研究家庭行为时得出的结论是：第一，家庭用于购买面包和饮料的支出正好应该等于用于消费的收入。在家庭收入和面包与饮料的价格既定时，多消费一种东西就要少消费另一种东西。第二，消费的这两种物品所带来的边际效用与价格之比要相等，即面包的边际效用/面包的价格＝饮料的边际效用/饮料的价格。在满足了这两个条件时，消费者就实现了效用最大化。

消费者效用最大化的条件是经济学家分析决定家庭消费的因素所得出来的，可以用数学方法加以证明。当然，现实中即使是经济学家，在购买物品时也很少想到如何比较所购买各种物品的边际效用与价格的比例。但这种理论的确是对消费者无意识行为背后决定因素的说明。它可以解释消费中的各种现象。我们在生活中尽量要使消费的物品与劳务多样。比如，你买衣服时不会购买若干件同样的衣服，总要购买若干件不同的衣服。这就因为，如果同样的衣服购买若干件就会效用递减，总效用自然就减少了，但买不同的衣服，边际效用不会递减，总效用就大。如果相同的价格，你会买不同的东西，但如果同样的物品价格下降，你仍然会买。因为你买第一个时边际效用高，价格也高，如果买第二个时尽管边际效用下降了，但价格也下降，这样，两者边际效用与价格之比仍然相同。随着某种物品增加，给消费者带来的边际效用递减，你愿意支付的价格也在减少。因为你要保持边际效用与价格的比例不变,边际效用递减,价格就要下降。这就解释了为什么需求量(你所愿意购买的物品量)与价格反方向变动。或者说,需求定理正是由于消费者的行为所引起的。解释消费者实现效用最大化的条件正是需求定理成立的理由。这样看来,抽象的效用最大化条件不就好理解了吗?无论我们是否了解或自觉运用理论,我们的行为总是自觉或不自觉地受理论支配的。

解释消费者行为,即家庭如何消费的理论不仅对消费者有意义,而且对企业也有启发。消费者进行消费是为了效用最大化,效用是主观心理现象,因此,企业进行生产一定要了解消费者的心理,按消费者的爱好进行生产,这就是"消费者是上帝"的本来含义。此外,边际效用递减和消费者效用最大化的条件还告诉企业,要生产出各种各样的产品来满足消费者的需要,不在产品花色上作文章仅仅追求数量的增加,引起边际效用递减,哪能有市场呢?

企业理论

由于国有企业改革长时期没有取得突破，从经济资源配置的角度看，可以说改革的"大关"还没有过。

——吴敬琏

　　吴敬琏(1930—)是中国市场经济的倡导者,人称"吴市场"。吴教授对中国当代经济的许多观点和分析,在中国产生了重大影响。这里引用的话是他对国有企业的论述。

　　吴敬琏先生说:"由于国有企业改革长时期没有取得突破,从经济资源配置的角度看,可以说改革的'大关'还没有过。"这段话点出了目前我国经济改革中的关键问题。国有企业的改革涉及许多问题,但关键的一点是要把国有企业作为真正的企业,而不是作为政府体系中的一个行政单位。什么是真正的企业? 企业在经济中如何做出决策? 这正是我们在以下三章中所要研究的。

　　企业和家庭一样是市场经济中的基本经济单位,它购买各种生产要素进行生产,向社会提供物品与劳务。企业也是经济人,它生产的目的是实现自己的利润最大化。当企业在实现这一目的时,遇到了三种限制:一是企业组织内部的效率。在现代社会中企业是一种组织,它的内部比家庭复杂得多,因此,它的内部组织是否协调决定了效率的高低,这种效率对企业的利润最大化至关重要。二是企业所拥有的资源和技术水平。企业必须有效地配置自己的资源,实现资源配置效率。三是市场竞争。企业只有在市场竞争中把自己的产品卖出去才能实现利润最大化。前两个限制因素要在企业内解决。本章"企业理论"论述第一个问题。

1 "用手表决"和"用脚表决"

企业已经存在许多年了,但也许是司空见惯了吧,以前很少有什么人关心企业本身,只把它作为一个生产单位,把它作为其内部组织无须解释的"黑匣子"。1937年美国经济学家罗纳德·科斯发表了《企业的性质》一文,探讨企业出现的原因,这篇文章在60年代之后才引起人们注意。自从那时以来出现了种种解释企业组织本身的论著。

企业理论内容极为广泛,中心之一是企业的组织形式与企业本身效率之间的关系。市场经济中不是个人进行生产,然后进行交换,而是组织为企业进行生产,根本原因还是因为企业生产的效率高于个人。对这种效率的产生有不同的解释,如企业内部以计划方式配置资源来取代市场,从而降低了交易费用;企业内部实行专业化分工与团队协作提高了效率;企业的规模之大可以实现规模经济;企业可以更有效地筹集资金,或使用专用设备,等等。这些理论我们这本小册子不可能一一探讨。这里我们从企业组织形式的角度来分析企业的效率。

在市场经济中,企业一般采取三种形式:单人业主制、合伙制和公司。

　　单人业主制企业就是我们俗称的个体户，它的特点是企业由一个人所有并经营，所有者与经营者是统一的。这种企业产权明确，责权利统一在一个人身上，从这个角度来看，效率是高的。但这种企业的另一个特点是企业规模小。因为以一个人的财力和能力，企业无论如何是做不大的。企业做不大就不可能有规模经济、专业化分工等好处。从这种角度看，效率是不高的。此外，单人业主制企业的好坏完全取决于业主本人的素质。在任何一种经济中，这种企业都是数量最多，但出现快消失也快（美国这种企业的平均寿命是一年左右）。对整体经济影响并不大。

　　合伙制企业是若干人共同拥有、共同经营的企业，它的规模可以比单人业主制企业大得多。但它的一个重要缺点是在法律上实行无限责任制，即作为合伙者的每一个人要对公司承担全部责任。例如，假如一个由5人合伙的企业破产了，欠了100万的债，尽管你只是5个人中的一个，但如果其他4个人都逃走了，你就要承担全部100万债务。这种无限责任制使每一个合伙人都面临巨大的风险。这样，这种合伙制企业实际上也不能做大。此外，合伙制企业可能出现的另一个问题是产权不明确，从而责、权、利不清楚。例如，我国相当一批民营企业是家族式企业。这种家族式企业是合伙制企业的一种形式。在这种企业发展过程中，由于产权不明确，往往引起利益分配与决策的矛盾，从而使企业做不大，甚至破产。正因为如此，在市场经济中合伙制企业并不是主要形式，主要是一些小企业或法律规定必须采用合伙制形式的企业（如律师事务所和注册会计师事务所）。

现代市场经济中最重要的企业形式是公司。公司实行股份制，股东是公司的共同所有者，但每个人拥有的产权表现为拥有股份的多少，股份的多少也决定了每个股东在公司中的责、权、利。每个公司内都不是每个股东股份相同，而是有大股东与小股东之分。大股东是极少数，但在公司中有控股权，这就保证了产权集中。应该强调的是，如果股份分散而平均，没有控制的大股东（即所谓股份合作制），那么，这种股份制就与公有制一样无效率。公司中股权的集中

现代大型企业的典型代表：美国福特公司。其巨大的规模曾一度使很多美国人认为"福特疯了"。

是公司效率的基本保证。据美国经济学家德姆塞茨计算，美国大公司的控股权（25％以上的股权）集中在四家（或四个人）手中。这种股权集中正是美国公司高效率的重要原因之一。同时，公司也有许多保护中小股东利益的规定。如小股东"用手表决"对公司决策难以施加影响（表决权的大小由股份多少决定），但可以"用脚表决"（卖掉股票，离开公司），这就使大股东在决策时要考虑到中小股东的利益。同时，在董事会中设立独立董事也有助于保护中小股东的利益。在公司中，产权是明确的，而且可以得到有效保护，这是公司成为市场经济中企业主要形式的原因之一。

现代企业需要做大，这样才能筹集大量资金，实现规模经济的好处。但以一个人的财力，公司是做不大的。合伙制集中了若干人的财力可以把企业做得大一些。但不仅产权不明确，引起许多问题，而且，实行无限责任制，风险很大，因此，合伙制实际上也做不大。公司的另一个优点就在于实行有限责任制，每个股东仅仅是对其所拥有的股份负责。这样，公司一旦破产，股东所损失的无非是自己在公司中投入的股份而已。个人可以根据自己承担风险的愿望与能力购买股份，因此，股份制企业可以无限做大，可以筹集大量资金，来进行风险投资。公司最早出现于远洋运输、铁路这类需要大量资金而又有高风险（也有高收益）的行业并不是偶然的。

公司的另一个优点是实行所有权与经营权分离。在这个世界上，有钱的人并不一定有管理企业的能力，有管理企业能力的人又不一定有钱。当所有权与经营权统一在一个人身上时，这个人的能力就是企业发展的最大制约。如果这个人能力不行,企业最终要被他的决策失误搞垮。从个人的角度看是个悲剧,从社会的角度看是资源浪费。尤其是现代大企业庞大而复杂,并非个别人的能力能管好。现代企业的发展是专业化管理,但专业管理人员不一定有资本。股份制公司的出现解决了这个矛盾。这就是实现了所有权与经营权的分离,把管理工作交给有专业知识而无资本的职业经理阶层。企业经理阶层的出现有利于管理效率的提高,但它也引起了另一个问题,即我们下面就要论述的机会主义行为。

2　机会主义行为

在所有权与经营权分离的现代公司中,包括所有者、经营者、职工等人,它们之间的关系可以称为**委托—代理关系**。

在一个现代公司中,董事会是所有者的代表,拥有公司财产的所有权与支配权,有权把公司委托给别人经营管理,称为委托人。总经理接受董事会委托,代行经营管理的权力,称为代理人。他们之间的关系就是一种委托—代理关系。但公司中并不是只有这一种委托—代理关系。往上追溯,董事会仅仅是所有者的代表,并不是全部所有者。真正的所有者是全体股东,股东是委托人,董事会是股东的代理人。股东与董事会之间也是委托—代理关系。往下看,总经理并不能事必躬亲,也要把他从董事会得到的权力委托出去,如财务权交给财务经理等,这样,总经理又成了委托人,而部门经理成了代理人,他们之间的关系也是一种委托—代理关系。当部门经理把具体工作交给下面职工时,部门经理与职工之间也是一种委托—代理关系了。所以,现代公司是一系列委托—代理关系的总和。

公司内的各种委托—代理关系是用合约固定下来的,即委托人与代理人之间签订合约,合约规定了各方的权、责、利及相关行为规范。合约的签订是以信息为基础的,这就是说,委托人与代理人之间信息越完全,所签订的合约也就越完善。但在现实中,信息是不完全的,或者说委托人与代理人之间的信息是不对称的。这就使合约是一种不完全合约。

如果公司内各个经济主体之间的目标是完全一致的,都是为了企业的利润最大化,那么,不完全的委托—代理合约也并不重要。但在现实中,委托人的利益和目标要通过代理人来实现,而不同委托人与代理人的目标并不一致。董事会作为委托人追求利润最大化,但其他人都有自己的目标。例如,总经理追求企业的稳定与增长,总想把企业做大,使自己的权力控制欲得到满足。部门经理更多考虑本部门的利益,而职工考虑的可能是工资最大化,或在工资既定时休闲最大化(偷懒或怠工)。如果合约能完全规范各方的行为,这些不同的目标也不成问题,问题就在于不完全合约难以做到这一点。

在这种情况下,各级代理人就会在不违背合约的情况下,为实现自己的目标与利益而损害委托人的利益。例如,董事会与总经理的合约中,不可能规定总经理什么时候可以以公司名义请客或出差。因为在现实中这一切都要由总经理相机抉择,以有利于公司的整体利益。这样,总经理就可以以公司业务需要为借口公款请客,频频出差,在社会上扩大自己的影响和知名度,织起一张自己的关系网。这些行为如果超出公司业务的实际需要就侵犯了委托人董事会的利益。因为费用要董事会出(以股东红利的减少为形式),而好处(关系网带来的利益)是总经理的。董事会作为委托人难以分清哪些宴请和出差是公司业务所必需的,哪些并不是,这就无法监督总经理的这些行为,合约中也无法做出具体规定。这种在不违背合约情况下代理人以损害委托人的利益为代价实现自己目标或利益的行为就称为**机会主义行为**。经济学家也把这种以公司业务需要为借口的各种宴会、出差支出称为总经理的"工作中消费"。工作中的消费是机会主义行为的一种形式。

在公司内,每一个人作为代理人都有可能发生机会主义行为。例如,合约不可能对每个人的努力程度做出具体规定,其努力程度也难以观察和测定。这样,各层代理人都会偷懒或怠工,今天该做的事推到明天,或应付了事。这种广泛的机会主义行为使公司内部不协调,每个人无法发挥自己的才能,也不努力干活。这就引起公司内部效率下降。这种效率低下不是由于资源配置引起的,美国经济学家莱宾斯坦称之为非配置无效率,同时由于这种效率难以用传统的方法衡量,所以也称为 X 无效率。

3　精神魅力与秘密红包

莱宾斯坦强调了提高非配置效率或 X 效率的重要性。在信息不对称和合约不完全情况下，要用合约规范代理人行为来消除机会主义非常困难；要用监督的方法来消除机会主义又要支付监督成本，而且监督者本人也无法避免机会主义行为。因此，消除或至少减少机会主义行为，以提高 X 效率的方法就是设计一种合理的**激励机制**。

激励机制也称为次优合约，中心是委托人与代理人利益共享、风险共担。这就是说，委托人要给予代理人的努力以补偿，使代理人自愿地为委托人的利益努力工作。如果代理人从委托人得到的补偿大于或至少等于进行机会主义行为带来的满足程度，代理人自己就会消除机会主义行为。如果委托人由于代理人消除机会主义带来的好处大于或至少等于所支付的补偿，委托人对代理人的激励就是有效的。

我们先来看董事会对总经理的激励。总经理工作的好坏对企业 X 效率的高低是至关重要的。在美国，总经理的收入由三部分组成：固定工资（包括福利）、分红（或奖金）以及股票期权。固定工资由合约规定，在合约期内不变，这部分收入是对总经理完成各种正常工作的报酬，与业绩没有直接关系。分红可以采用奖金的形式，也可以由总经理持有一定股份,按股分红。这部分收入的大小与企业的短期业绩相关,企业的短期业绩与总经理的努力程度直接相关。**股票期权**是允许总经理在未来某一时期按现在价格购买一定的股票。企业股票价格主要取决于企业长期盈利能力,是反映企业长期中经营状况的一个综合指标。正如一般的期权交易那样,总经理购买这种股票期权也要支付一定的预付金。如果企业盈利能力提高,股票价格上扬,总经理以低价格购买高价格的股票,就会获益;如果企业盈利能力下降,股票价格不变甚至下降,总经理当然可以选择不购买(这是获得期权的权力),但预付金也损失了。股票期权把委托人与代理人的风险和利益联系在一起,有利于激励总经理长期努力工作,因而得到普遍采用。

对职工的激励方法也是多种多样的。最简单的方法当然是计件工资制。这种方法把业绩与收入直接联系起来,代价低而易行,对独立操作的工人(独立完成某种可计量的部件)和营销人员较为适用。但对许多协同完成而无法分别计量的工作则不适用。在许多企业中,更多用的是这样几种方式:第一,根据一套考核标准支付奖金。第二,实行**员工持股计划**。这种方法是让企业的骨干人员(如部门经理这级中层管理人员和重要的技术人员)持有公司股份。这种持股可以是持有干股(仅仅有按股份分红的权力,而不能转让,也无投票权),也可以规定在一定条件之下这种干股可以部分或全部转为普通股。这种方法被广泛采用。例如,美国沃尔玛连锁商业成功的经验之一就是从一开始就采用了这种员工持股计划。第三,分享制，即把全体员工的利益与企业的利益联系在一起，每年按企业的经营状况决定每个员工的收入。许多日本企业采用了这种方法。有些美国经济学家认为，这是日本企业成功的重要原因之一。

第四，**效率工资制**。效率工资是高于市场均衡工资水平的工资。企业向员工支付这种高工资可以吸引最好的工人，可以使工人努力程度提高，也可以减少工人的流动性。1914 年美国福特公司支付给工人每天 5 美元的工资（当时市场均衡工资是 2.34 美元）就是效率工资。这种工资制度在福特公司获得成功，现在亦被许多公司普遍采用。

全球最大连锁零售企业沃尔玛集团位于美国阿肯色州本顿维尔的总部

激励机制的原则并不复杂,关键是具体采用什么做法最有效。在实行激励机制时有三个问题值得注意。

第一个问题是,从理论上说并没有哪一种激励机制是最优的。哪一种激励机制最好取决于不同国家、地区、行业和企业的具体情况。任何一个公司都不能照搬其他公司的方法,而要从自己的实际情况出发,设计最适合自己的激励机制。例如,20世纪70年代一些美国经济学家考察了日本企业之后发现分享制是日本企业效率高的重要原因,于是就想把这种机制引入美国企业,但结果并没有成功。他们的失败就在于忽视了日美两国在文化传统和企业制度上的差别。日本的文化传统是强调集体主义精神,企业实行终生雇用制,因此,分享制就有效。美国的文化传统是个人主义精神,企业的雇用关系并不稳定,工人流动性大(雇主会随时解雇员工,员工也会随时炒雇主的鱿鱼),这时分享制就难起其应有的作用。

第二个问题是要把物质激励与精神激励结合起来。我们所介绍的激励机制都着眼于物质激励。实际上人并不完全是关注物质利益的,他们也希望有精神激励,包括工作中人与人关系的和谐,企业有一种令人留恋的气氛,委托人对代理人,上级对员工的真心关切等等。这也就是我们所说的企业文化的一个重要内容。实际上委托人与代理人之间除了物质利益关系之外,还有一种精神上的配合或默契。许多企业能摆脱困境依靠的并不是物质激励,而是一种精神激励,例如,对某种事业的共同追求,委托人的精神魅力,等等。

第三个问题是激励机制的制度化和公开化。激励机制作为一种方法要用制度确定下来，按制度行事。这种制度应该得到广泛认可，一旦确定下来就不能随委托人的意志而朝令夕改。激励机制对每个人都是平等的，必须公开，像过去有的企业采用委托人向代理人发秘密红包的做法作为一种激励机制是不可取的。这种做法往往不仅起不到激励的作用，有时还有相反的作用。只有激励机制制度化和公开化才能做到有效和公平。

读过这一章的内容，我想读者就知道我为什么把吴敬琏先生的一段话作为本章题词了。我们的经济改革还没有过大关是因为国有企业的改革没有取得突破。国有企业的改革应该建立产权明确的现代股份公司，并建立一套相应的激励机制，用我们介绍的理论对照一下，这个任务完成了吗？

其实不仅国有企业要走股份化之路，民营企业要做大也必须从家族企业转向股份化企业。这两种企业殊途同归最终都要成为股份制公司。这种公司的建立和发展正是我国经济的希望所在。

企业的技术效率与经济效率

如果学生能在经济学课程中真正理解成本以及成本的所有各个方面，那么，这门课程就算取得了真正的成功。

——约翰·莫里斯·克拉克

约翰·莫里斯·克拉克(John Maurice Clark,1884—1963),其父约翰·贝兹·克拉克也是著名经济学家。小克拉克子承父业,以研究工业经济、垄断与竞争著称。他关于竞争问题的许多观点至今仍被广泛采用,对成本的重视就是一例。

　　企业要实现利润最大化还要使自己有限的资源得到有效配置。这就是要实现资源配置效率。这种效率涉及技术效率和经济效率。

1　引进自动分拣机是好事还是坏事

　　生产是把投入变为产出的过程,技术是把投入变为产出的方法。投入是生产中所使用的各种生产要素,包括劳动、资本、土地(自然资源)和企业家才能。产出就是产品或产量。投入与产出之间的物质技术关系称为**生产函数**。**技术效率**是指投入与产出之间的关系。当投入既定实现了产出最大,或者说当产出既定实现了投入最少时就实现了技术效率。或者也可以说,当不再增加投入,产出就无法增加时,就实现了技术效率。

　　经济效率是指成本和收益之间的经济关系。成本是企业用于购买投入的所有支出,收益是企业出卖所有产出所得到的收入。当成本既定而收益最大,或者说当收益既定实现了成本最小时就实现了经济效率。也可以说,当不再增加成本,收益就无法增加时,就实现了经济效率。

技术效率和经济效率是密切相关的。成本等于投入的价格乘以所用各种投入的数量;收益等于产出的价格乘以数量。由此可以看出,如果没有实现技术效率,也就不能实现经济效率。因为如果投入没得到充分利用,既定的投入没有实现最大产出,很难有经济效率。从这个角度看,技术效率是经济效率的基础,也是企业实现资源配置效率和利润最大化的基础。

但是,技术效率并不等于生产效率。这就是说,实现了技术效率并不一定就实现了经济效率。因为经济效率涉及投入与产出的价格。生产同样的产出可以运用不同投入的组合,同样的投入组合也可以生产出不同的产出。由于投入和产出价格不同,在这两种情况下并不一定是实现了技术效率的同时也实现了经济效率。例如,用 100 单位劳动和 50 单位资本或者 50 单位劳动和 100 单位资本都可以生产出 100 吨小麦,如果劳动价格低而资本价格高,用后一种方法的成本就高于前一种方法,从而实现了技术效率而没有实现经济效率。再如,用 100 单位劳动和 50 单位资本同样可以生产出 100 吨小麦或 100 吨玉米。如果小麦价格高而玉米价格低,生产玉米就实现了技术效率而没有实现经济效率。

区分技术效率和经济效率对企业决策是十分重要的。举一个现实例子。近年来我国邮政行业实行信件分拣自动化,引进自动分拣机代替工人分拣信件,从纯经济学的角度,即从技术效率和经济效率的同时实现来看,这是一件好事还是坏事呢?

　　假设某邮局引进一台自动分拣机,只需一人管理,每日可以处理 10 万封信件。如果用人工分拣,处理 10 万信件需要 50 个工人。在这两种情况下都实现了技术效率。

　　但是否实现了经济效率还涉及价格。处理 10 万封信件,无论用什么方法,收益是相同的,但成本如何则取决于机器与人工的价格。假设一台分拣机为 400 万元,使用寿命 10 年,每年折旧为 40 万元,再假设利率为每年 10%,每年利息为 40 万元,再加分拣机每年维修与人工费用 5 万元。这样用分拣机的成本为 85 万元。假设每个工人工资 1.4 万元,50 个工人共 70 万元,使用人工分拣成本为 70 万元。这种情况下,使用自动分拣机实现了技术效率,但没有实现经济效率,而使用人工既实现了技术效率,又实现了经济效率。

　　从上面的例子中可以看出,在实现了技术效率的情况下,是否实现了经济效率就取决于生产要素的价格。如果使用自动分拣机的成本没变,而工人工资上升到 1.7 万元,则两种方法都实现了经济效率。如果工人工资高于 1.7 万元,或分拣机价格下降,利率下降,则使用自动分拣机可以实现经济效率。

　　当然,如果我们从社会角度看问题,使用哪种方法还要考虑每种方法对技术进步或就业等问题的影响。但如果仅仅从企业利润最大化的角度看,则只考虑技术效率和经济效率。这两种效率的同时实现也就是实现了资源配置效率。

2　一个烤面包房需几个工人操作

在分析企业的技术效率时我们分析产出与劳动和资本之间的关系。在投入中我们不考虑土地和企业家才能是因为在一定时期内,土地(自然资源)总是固定的,企业家才能在生产中十分重要,但难以用具体指标衡量,因此为了简单起见,投入中只包括劳动和资本。如果我们用 Q 代表产出, L 代表劳动, K 代表资本,这时,我们分析技术效率所用的生产函数就是: $Q = f(L, K)$ 。

在分析企业的技术效率时我们还要区分**短期**和**长期**,经济学上所说的短期与长期并不是根据时间的长短来划分的,而是根据投入的变动情况来划分的。如果投入中有一些投入可以变动(称为可变投入),而有另一些投入不能变动(称为固定投入),这种时期就是短期。如果所有投入都可以变动,这种时期就是长期。我们之所以不以时间为标准划分短期与长期,就因为不同行业中投入调整所需要的时间是不同的。例如,在重工业中调整设备所需要的时间在 3 年左右,3 年之内只能调整劳动等投入,这样,3 年以下就是短期,而 3 年以上才是长期。相反,在一些轻工行业,调整包括设备在内的所有投入只需要 1 年,这样,1 年以上就是长期,1 年以下才是短期。

我们首先分析企业短期中技术效率的实现。在分析短期时,我们假设固定投入是资本,可变投入是劳动。我们分析短期技术效率的实现就是要说明在资本不变的情况下,如何投入劳动才能实现产出最大。在进行这种分析时,涉及三种产量:**总产量、平均产量和边际产量**。总产量是在资本不变时投入的劳动所生产的全部产量;平均产量是平均每单位劳动所生产的产量;边际产量是每增加一单位劳动投入所增加的产量。短期技术效率的实现涉及劳动投入变动与这三种产量之间的关系。

要了解这三种产量之间的关系又必须了解生产中的一个基本规律——**边际产量递减规律**。这个规律的内容是,在生产技术不变和一些投入为固定时,增加一种可变投入所增加的产量(边际产量)递增,但如果这种投入一直增加下去,所增加的产量就会递减,甚至成为负数。这是因为开始时,可变投入增加使固定投入得到更充分利用,但如果一直增加下去,固定投入已得到充分利用后,可变投入的效率就递减了。例如,一个面包房有两个烤面包炉为固定投入,当可变投入劳动从一个工人增加到两个工人时,烤面包炉得到充分利用,工人的边际产量递增,但如果增加到三个、四个,甚至更多工人时,几个人用一个烤面包炉,每个人的边际产量自然会递减,甚至成为负数。在生产技术没有重大变动,固定投入也不变的短期内,这个规律对企业实现技术效率十分重要。

边际产量的变动影响总产量和平均产量。当边际产量递增时,总产量也递增;只要边际产量大于零,总产量就在增加;当边际产量

劳动力边际产量		
劳动力 （被雇佣者的数量）	每小时的 生产量	劳动力 边际产量
0	0	0
1	6	6
2	11	5
3	14	3
4	21	7
5	22	1
6	24	2
7	28	3
8	27	-1
9	28	1
10	26	-2

在生产技术不变和一些投入为固定时，增加劳动力引起边际产量递减。

为零时，总产量达到最大；当边际产量为负数时，总产量绝对减少。边际产量与平均产量的关系是：当边际产量大于平均产量时，平均产量递增；当边际产量小于平均产量时，平均产量递减；当边际产量等于平均产量时，平均产量达到最大（总量与边际量，以及边际量与平均量之间的关系可以用数学证明）。

在短期中，当我们增加一种可变投入（劳动）时会引起边际产量、平均产量和总产量的变动。我们投入多少可变投入就由这种变动决定。当我们增加可变投入时，边际产量递增，这时总产量递增，平均产量也递增,在这一阶段,增加一种可变投入当然是有利的。当边际产量与平均产量相等时,平均产量最大。平均产量也就是一种投入的生产率,这时一种可变投入的效率(如果这种可变投入是劳动,也就是劳动生产率)达到最大。可变投入继续增加,尽管平均产量在减少,但由于边际产量仍然是正数,所以,总产量仍然在增加,当边际产量为零时,总产量达到最大。

　　根据这种关系,在短期中一种可变投入投入多少能实现技术效率呢? 在一种可变投入的增加仍没有达到平均产量最高时,这种可变投入应该继续增加,以实现生产率增加。当边际产量为零,总产量达到最大时,这种可变投入就不能再增加了。因为再增加,连总产量也绝对减少,所以,一种可变投入的增加可以由企业在使平均产量最大与总产量最大之间做出选择。面包房就要根据这个原则决定自己雇用几个工人。

3 "小的是美好的"还是"大的是美好的"

　　在长期中,所有投入都可以变动。所有投入的变动就是生产规模的变动,因此,长期中实现技术效率就是要实现企业的适度规模。

　　企业规模的扩大对产量也会有不同的影响。如果企业规模扩大的比率(即各种投入增加的比率)小于所引起的产量增加的比率,这种情况就是**规模收益递增**,说明规模扩大有利于提高技术效率。

之所以出现这种情况是因为企业在扩大规模的过程中可以运用更先进的设备、实行更精细的分工、提高技术创新能力,从而实现了**内在经济**。但是如果规模扩得太大,引起企业内部不协调、管理效率降低,也会由于内在不经济而引起**规模收益递减**,即规模扩大的比率大于所引起的产量增加的比率,这说明规模扩大反而不利于提高技术效率。

企业规模扩大时既可能出现规模收益递增,也可能出现规模收益递减。在长期中通过扩大企业规模而实现技术效率就是要使企业实现**适度规模**,适度规模可以理解为使规模收益递增到最大时的企业规模。

企业在什么时候能实现适度规模呢?应该说在不同的行业,适度规模的大小并不一样,甚至差别很大。到底"大的是美好的",还是"小的是美好的"取决于不同行业的特点。在钢铁、石化、汽车这类行业中,设备大而复杂、分工精细、技术创新需要大量投入,而产品又是标准化的,市场需求波动也小,因此,这些行业奉行"大就是好"的原则,企业规模越大越能实现技术效率。例如,钢铁厂的年产量都要达到 1000 万吨以上,欧洲还在建设年产 5000 万吨的钢铁厂。但在服装、餐饮这类轻工业或服务行业中,所用的设备并不复杂,产品的特点是多样化,要随变化的市场需求而变动,"船小"有好掉头的优势,奉行的原则是"小的是美好的"。这些企业过大反而会引起内部不经济,从而降低技术效率。可见规模多大能实现技术效率并没有一定之规,适度规模在不同的行业是不同的。该做大的企业不做大,没有技术效率,比如,我国的钢铁、汽车等行业就存在这

一家小而整洁的日本老字号拉面馆——"小的是美好的"

类问题。但该做小的企业盲目扩张也有损于技术效率。例如，一些民营企业盲目扩张就是犯了这种错误。

在当代技术迅速进步，经济走向全球化的形势下，如何把企业做大是许多企业所关心的问题。但需要指出的是，我们这里所说的做大是指扩大规模提高技术效率，从这种意义上说，也就是做强，并不单纯指规模大。当然，对许多企业而言，规模扩大才能强。因此，我们就着重研究如何做大的问题。企业做大有两条途径：扩大一种产品的生产，称为**规模经济**；向相关行业或不相关行业扩张，实现**范围经济**。以一种产品为主营业务的公司称为单一业务公司或主导业务公司(单一业务公司的定义是其收入有 95％来自一种主营业务;主导业务公司的收入 70％—95％来自主营业务),例如,石油公司、钢铁公司或烟草公司。这些行业一种产品的扩大可以利用规模经济。但从目前看大公司中这类公司的比例在下降(1949 年有 70％的公司属于这两种类型,而 1969 年这一比例已下降到 35％)。相反,向相关行业扩张的相关业务公司(定义是主营业务收入低于 70％,其他业务与主营业务相关)和向不相关行业扩张的不相关业务公司(定义是主营业务收入低于 70％,而且其他业务与主营业务无关),在公司中的比例从 1949 年的 3.4％上升到 1969 年的 19.4％,而且现在仍有上升的趋势。

企业实现规模经济和范围经济可以在扩大规模的过程中提高技术效率。规模经济可以使用专用性资产;实行更精细的分工,分工有助于提高工人的技术(把复杂的活动变为简单的活动,工人更易于掌握);增强技术创新能力;增强市场竞争能力。例如,汽车行业的规模扩大可以运用自动装配线,每个工人都重复同样的简单活动,增强开发新型汽车的能力,增强在市场上的竞争能力等,所以,大汽车公司才能在市场上有竞争力。当然,实现规模经济也可以采用不同的形式,例如,汽车行业的规模经济要采取集中的形式,但商业的规模经济采用的连锁商业则是集中与分散相结合。连锁商业集中进货,由配送中心统一配送,可以降低进货成本,减少仓储与管理成本,而分散的连锁店又方便了消费者。不同行业的规模经济采取什么形式由本行业的技术与经营方式决定。

跨相关行业的范围经济包括向前扩张(扩大到零部件和原料半成品部门)和向后扩张(扩大到后继产品部门)。在未实现扩张之前,业务上相关的企业都是独立的,相互之间通过市场交易而联系,这就产生了用于寻求合作者、谈判、签约和履约的交易费用。合并为一个企业后统一管理,有管理费用而无交易费用,只要管理费用小于交易费用,跨相关行业的合并就是有利的。跨不同行业的范围经济或组成企业集团不仅可以更好地发挥共同资产的作用,把固定成本分摊在更多产品上(如广告费用的分摊),而且也可以减少市场风险。但跨行业经营也有相当大风险,如果贸然进入不熟悉行业,反而会失败。当年珠海巨人公司同时经营电脑软件、保健品(脑黄金)和建筑业(巨人大厦)而失败就是一个典型的例子。

4 利润最大化不是越多越好

企业的利润是总收益减总成本,所以,要实现利润最大化还要分析**成本**与**收益**。

首先来分析成本。我们把企业生产经营的成本分为会计成本和机会成本。**会计成本**是企业生产经营中购买投入或其他的实际支出。例如,资本设备的折旧、购买原材料、半成品支出、支付给员工的工资,等等。这些支出一笔笔都记在会计账上。看得很清楚,因此也称为**显性成本**。但企业还有另一种成本,即为了生产经营所放弃的其他东西。例如，如果经营者不给自己支付工资，会计成本中就没有这一项。但实际上经营者是放弃了在其他地方工作的机会来经营这个企业，如果他不经营这个企业，而是到其他地方工作仍会有工资。假设经营者放弃的工作能赚到的工资为每年 3 万元，那么，这 3 万元虽然没有实际支出，但作为所放弃的东西是企业的机会成本。机会成本没有实际支出，也不记在会计账上，因此，称为**隐性成本**。这种机会成本对企业的经济效率也是重要的。我们所说的经济效率中的成本实际包括这两种成本。**总收益减会计成本是会计利润**，总收益减会计成本和机会成本才是**经济利润**。我们所说的利润最大化是经济利润的最大化。

当我们分析技术效率时从短期和长期来考虑投入。现在我们也要分析短期成本和长期成本。

在短期中，投入分为固定投入和可变投入，成本也相应地分为**固定成本**与**可变成本**。用于固定投入支出的成本称为固定成本，它不随产量的变动而变动，即使产量为零，也仍有固定成本，它包括资本设备的折旧、管理人员工资等。可变成本是用于可变投入支出的成本，它随产量的变动而变动，包括用于原料、燃料的支出、工人的工资等。固定成本与可变成本之和是短期中的**总成本**。**平均成本**是平均每单位产品的成本，用总成本除以产量得出。总成本包括固定成本与可变成本，所以，平均成本也分为**平均固定成本**和**平均可变成本**。此外，每增加一单位产品所增加的成本称为**边际成本**。

产量与成本是对应的，所以，当随着一种投入增加，产量递增时，其成本就递减;而当随着一种投入增加,产量递减时,其成本就递增。在分析边际产量与平均产量的关系时,我们指出,当边际产量大于平均产量时,平均产量递增;当边际产量小于平均产量时,平均产量递减;当边际产量等于平均产量时,平均产量最大。从这种关系中可以推出:当边际成本小于平均成本时,平均成本递减;当边际成本大于平均成本时,平均成本递增;当边际成本等于平均成本时,平均成本最小。

了解这些关系对企业做出决策是有帮助的。例如,正因为短期中无论产量多少,固定成本都不变,因此,只要收益等于可变成本(低于总成本),或者只要价格等于平均可变成本,企业就可以经营。平均可变成本等于价格称为**停止营业点**。再如,平均产量的最高与平均成本的最低实际是一回事。在某一种产量水平时,同时实现了平均产量最高与平均成本最低。企业短期中的决策正应该找出这个同时实现技术效率和经济效率的一点。

在长期中,投入无固定与可变之分,成本也无固定成本与可变成本之分。成本分为总成本、平均成本与边际成本。其中最值得注意的是平均成本。在长期中,平均成本也是先下降而后上升,这就是说随着产量增加,平均成本先下降,当产量达到一定数量时,平均成本达到最低,此后,随着产量增加,平均成本上升。平均成本的最低点时的产量也就是企业实现了适度规模时的产量。这就是说,从成本的角度看,企业实现技术效率和经济效率时的产量就是平均成本最低时的产量。我们所确定的企业规模就应该是平均成本最低时的产量水平。这一点对我们确定企业规模非常有帮助。在分析技术效率时我们给出了适度规模是实现了规模收益达到最大时的产量,这一原则在实际操作中是有困难的,而现在给出的平均成本最低时的产量这一原则,在理论上与前一个原则相同,但在实际中又易于操作。

经济效率还涉及收益。收益为产量与价格的乘积,如果假定价格是既定的,那么,收益与产量变动的规律就是相同的。价格要在市场上决定,我们将在下一章中论述这一问题。这里我们只要知道收益分为**总收益**、**平均收益**和**边际收益**就可以。总收益是出卖一定量产品的全部收入,等于总产量乘以价格;平均收益是平均每单位产品的收入,等于平均产量乘以价格;边际收益是增加一单位产量所增加的收益,等于边际产量乘以价格。

经济学家把实现经济效率,即利润最大化的条件概括为边际成本等于边际收益。这就是说,如果边际成本小于边际收益(例如某种产品边际成本为 8 元,边际收益为 10 元),企业就要增加产量,说明该赚的利润仍没赚到,没有实现利润最大化。如果边际成本大于边际收益(例如某种产品边际成本为 10 元,边际收益为 8 元),企业就要减少产量,这时有亏损,更谈不上利润最大化。只有在边际成本等于边际收益(某种产品的边际成本和边际收益都为 10 元)时,企业才既不增加产量,又不减少产量。企业对这种产量水平的满意说明这时已实现了利润最大化。

在现实中,企业在实现自己的资源配置效率,考虑自己的技术效率时,更多是从成本—收益出发的。本章的内容所揭示的是这种决策背后的因素。

企业市场竞争战略

竞争是企业成败的核心所在。……竞争战略就是在
一个行业里（即竞争产生的基本角斗场上）寻求一个有利
的竞争地位。竞争战略的目的是针对决定产生竞争的各
种影响力而建立一个有利可图和持之以久的地位。

——迈克尔·波特

　　迈克尔·波特（Michael E. Porter，1947— ），美国哈佛大学商学院最知名的教授，现代市场竞争理论的奠基人。他的《竞争战略》《竞争优势》和《国家竞争优势》已成为竞争理论的经典和企业家的必读书。

　　非配置效率和配置效率的实现仅仅是企业实现利润最大化的第一步。企业内部的效率只有在市场上才能变为实际的利润，所以，马克思把商品价值在市场上实现的过程称为商品生产者（企业）的"惊险的一跳"。企业要在市场上获得成功，不仅在企业内部要实现技术效率和经济效率，而且要制定正确的市场竞争战略，完成这"惊险的一跳"。

　　我们知道，不同企业面对的市场是不同的。比如说，小麦生产者面临着许多与他类似的生产者的竞争，而汽车生产者在市场上就具有一定的垄断力量。我们把生产并出卖同一种产品的企业称为一个行业或一个市场。不同行业或不同市场上的竞争与垄断程度是不同的。有的市场竞争程度高，有的市场垄断程度高。根据市场的竞争与垄断程度，我们把市场分为四种不同的类型：**完全竞争**、**垄断竞争**、**寡头**和**垄断**。这也就是一般所说的四种类型的市场结构。在这四种市场中，完全竞争和垄断竞争是两种极端，前者只有竞争而没有垄断,后者是只有垄断而无竞争。介于这两者之间的是垄断与竞争不同程度的结合,称为不完全竞争。这两种市场结构也是现实中的正常情况。

在市场上,企业要围绕自己利润最大化的目标制定竞争战略,决定自己的价格和产量。在不同的市场,企业的竞争战略不同。我们这一章就要分析在这四种不同的市场中,企业如何决定价格和产量,实现利润最大化。

1　养鸡专业户的会计利润

完全竞争是一种竞争不受任何干扰和阻碍的市场结构。这种市场有四个特点:第一,有大量企业,每个企业的规模都很小,因此对市场毫无影响,这就是说,企业不能通过改变自己的产量来影响市场价格。市场价格是由市场的整个供求关系决定的,一旦决定之后,对市场上的每个企业而言,都是既定的。企业无法改变这种价格,只能接受这种价格,所以,企业是**价格接受者**,无须做出价格决策。第二,每个企业生产的产品都是同质的,也就是说不存在产品差别。第三,进出自由,即每个企业都可以自由进入或退出这个市场。第四,信息是畅通的。农产品市场接近于一种完全竞争市场,我们在这里以鸡蛋市场为例来进行分析。

我们所要分析的是市场上企业的决策,例如,我们分析鸡蛋市场上一个养鸡专业户的决策。如前所述,完全竞争市场上的养鸡专业户只能接受市场上既定的价格,并在这一价格之下决定自己的产量。在短期中,如果整个市场上鸡蛋的供给小于需求(比如说刚发生过一场鸡瘟),那么,市场决定的鸡蛋价格就高,每一个养鸡专业户都可以从高价格中获利,得到经济利润。但如果整个市场上鸡蛋的供给大于需求(比如说消费者受吃鸡蛋增加胆固醇的宣传影响少吃鸡蛋,改为吃蔬菜),那么,市场决定的鸡蛋价格就低,每一个养鸡专业户都由于低价格受损失,有经济亏损。在短期中,养鸡专业户的固定投入(鸡舍、蛋鸡等)无法改变,可变投入(鸡饲料、劳动)变动的可能性也不大(无法不给蛋鸡吃食让它们少下蛋)。这就是说,产量难以变动,养鸡专业户就像市场经济汪洋中的一条小船,完全由市场支配。有经济利润还是有经济亏损完全取决于市场状况,自己无法控制。

在长期中,一切投入都是可变的,养鸡专业户尽管仍不能影响价格,但可以改变自己的产量。如果供小于求,价格高,有经济利润,就会有更多的人成为养鸡专业户(进入市场),原有的养鸡专业户也会扩大自己的生产。于是,市场上鸡蛋的供给增加,价格逐渐下降。反之,如果供大于求,价格低,有经济亏损,就会有人杀掉蛋鸡不再当养鸡专业户(退出市场),留下来的养鸡专业户也会减少自己的生产。于是,市场上鸡蛋的供给减少,价格逐渐回升。在这两种情况下,价格要逐渐变动到均衡状态,这时供求相等,养鸡专业户既没有经济利润,也没有经济亏损。他们不再增加养鸡量,也不减少养鸡量,这就是市场的长期均衡状态。当然,影响鸡蛋供求的因素在随时变动,但从长期来看,在完全竞争的市场上,企业只能处于收支相抵的状况,利润最大化也就是经济利润为零。这是我们以上所分析的竞争变动的结果。

这里要注意的是,我们说在长期中的均衡状态时经济利润为零,但这时是有会计利润的。从养鸡专业户的角度看,自己的劳动成本是不计入成本的。在我们看来,这是他们养鸡的机会成本。养鸡专业户计算的是会计成本,例如,鸡舍的折旧、鸡饲料的支出、蛋鸡的支出等实际支出。如果这些成本总计为每斤蛋 2.6 元,市场长期均衡时价格为每斤 2.8 元,在养鸡专业户看来,每斤鸡蛋赚了 0.2 元。这 0.2 元是会计利润。在我们看来,这 0.2 元是他们的机会成本。如果他们雇人养鸡,每斤要支付 0.2 元的工资,现在由他们自己养,这 0.2 元没有支出,所以,从会计账目上看是赚了。但从经济学角度看,如果考虑自己劳动的机会成本,经济利润就是零。正因为在养鸡专业户看来有 0.2 元的利润(会计利润),所以,在没有经济利润时,仍然有人从事这一行业,我们也可以得到充足的鸡蛋供应。

还要注意的是,我们说经济利润为零,也就是价格等于平均成本。但这里所说的成本是社会平均成本。用我们养鸡专业户的例子说是整个养鸡行业的平均成本。如果个别养鸡专业户的平均成本高于社会平均成本,他就无法经营下去,只有被淘汰出局。例如,如果一个养鸡专业户会计成本为 3 元,而市场价格才 2.8 元,他就只有退出了。一些大型国有养鸡场正是由于成本高,而被淘汰出局。但如果个别养鸡专业户的平均成本低于社会平均成本。例如,社会平均的会计成本为 2.6 元,而该养鸡专业户的平均会计成本为 2.4 元,那么,他按 2.8 元的价格出售,不仅有 0.2 元的会计利润(补偿自己劳动的机会成本),而且还有 0.2 元的经济利润。因此,在完全竞争市场上,就整个市场而言,无经济利润,但个别生产率高、平均成本低的企业仍会有经济利润。

这种个别平均成本低于社会平均成本时有经济利润的情况激励每个生产者都努力提高自己的生产率,把自己的平均成本降到社会平均成本之下。当每个生产者都这样做时,整个社会的平均成本就下降了,价格也下降了。这正是完全竞争给社会带来的好处,也是一般所说的竞争提高了效率的含义。这种竞争的结果使社会平均成本最低,价格也最低。我们回想一下改革开放 20 年来的鸡蛋市场,在改革前每斤鸡蛋约为 0.8 元左右,现在也才 2.8 元左右一斤,价格只上升了三倍多,但相对于我们上升了 20 多倍的工资来说,鸡蛋价格实际下降了。这正是放开市场,完全竞争的结果。

完全竞争之下的竞争降低了成本和价格,但由于完全竞争市场上每家企业规模都很小,无法利用规模经济的优越性。而且,在完全竞争之下一般企业处于苦苦挣扎之下,受市场波动的影响而不稳定。这正是以小农为主的农业中的状况。要走出这一困境,出路仍然是走规模经济之路,其方法可以是小企业之间在竞争中兼并而成为较大的企业,在市场上有一定的力量。例如,养鸡专业户通过相互兼并和合并建立大型现代养鸡场。重要的是这种大型养鸡场不能由政府出资建立，也不能由政府用行政的方法强行把养鸡专业户合并。各地由政府出资建的大型养鸡场被农民专业户挤垮说明了这一点——因为这些官办鸡场固定成本太高了。用行政方法合并就是过去失败的合作化之路。这种规模经济只能在竞争中形成。此外也可以是公司加农户或由养鸡专业户在分散生产的基础之上建立产供销一体化的合作组织（如美国桔农的新奇士协会就是这样的组织）。

古典经济学家往往把完全竞争描述为最理想的市场状态，其实最理想的东西往往是不存在的。而且，现实中的完全竞争市场也并非田园牧歌式浪漫。现实中垄断是难以避免的，我们先从最极端的垄断开始。

2　微软代表美国新经济

垄断又称完全垄断，是指一家企业控制了某种产品的整个市场，而且这种产品没有相近替代品的市场。换句话说，在垄断市场上一个企业就是一个行业、一个市场。

垄断是在一些特殊情况下形成的。形成垄断的最基本条件是**进入限制**，即其他企业无法进入这一市场。这种限制包括自然限制和立法限制。自然限制是指由于一些难以克服的原因所引起的限制。例如,对资源的占有,南非的德比尔斯公司控制了世界天然钻石的 80% 以上(其他部分主要在俄罗斯和斯里兰卡,形不成气候),从而成为世界钻石市场的垄断者。再如,如果某个行业只有存在一个企业时才能实现规模经济平均成本最低,而两个或两个以上企业都无法实现平均成本最低,这时也会产生垄断,自来水、供电、天燃气等市场就是这种情况。这种由于自然限制而引起的垄断称为**自然垄断**。

立法的限制来自政府的立法。立法限制的第一种情况是政府特许经营或称专营,例如,政府立法把邮政的专营权交给邮政局,只有国家邮政局才有权经营邮政,这就引起邮政部门的垄断。第二种情况是许可证制度,没有许可证的企业不能进入。第三种情况是专利权。政府把某种产品在一定时期内的排他性生产销售权给予发明这种产品的企业,就使这个企业在受专利法保护的时期内处于垄断地位。这种立法限制引起的垄断称为**立法垄断**。

一个垄断者就是一个市场,它完全可以以自己的产量变动来影响价格。对垄断者来说,为了实现利润最大化首先要决定价格,产量的决定是服从于价格的,因此,垄断企业的竞争策略主要是定价策略。在垄断市场上可以有两种定价方法:**单一价格**和**歧视价格**。

单一价格或称单一定价就是对同一种产品向不同的消费者收取相同的价格。垄断者在实行单一价格时为了实现利润最大化可以采用高价少销和低价多销两种方式。采取哪一种定价方式取决于需求弹性和供给弹性。如果某种产品供给缺乏弹性而需求也缺乏弹性,垄断者就采用高价少销,即高价格低产量。例如,过去山西省太谷广升堂药厂生产妇女保健用的定坤丹,这种药由于技术垄断而在市场上独一无二。这种药所用原料(如东北野山参、藏红花等)极为缺少,供给缺乏弹性(价格上升产量也很难增加),需求也缺乏弹性(为少数贵妇人享用,价格变动对需求量没什么影响),所以,收取高价而产量极少。如果某种产品供给富有弹性而需求也富有弹性,垄断者就采用低价多销,即低价格高产量。例如,美国辉瑞公司的伟哥,供给富有弹性(采用化学合成,价格上升产量可以大量增加),需求也富有弹性(潜在市场大,降价可大量增加销售),所以,采取低价而产量大的方式。这两个企业的定价策略都获得了成功。无论低价还是高价,价格都高于平均成本,因此,都有经济利润。不同的产品用不同的定价保证了利润的最大化。

歧视价格或称歧视定价就是对同一种产品向不同的消费者收取不同的价格。通常的做法是向需求缺乏弹性的消费者收取高价格,而向需求富有弹性的消费者收取低价格。例如,电力公司可以对工业用户(需求缺乏弹性)收取高价格,工业用户不会大量减少用电,电力公司就从高价格中增加了总收益和经济利润。但向民用户(电力有煤气、天然气等替代品,需求富有弹性)收取低价格,低价格鼓励居民多用电,电力公司实现了薄利多销,增加了总收益和经济利润。

这里应该注意的是,垄断者实行歧视价格要具备两个条件。一是该产品或劳务不能转售。因为如果可以转售,低价得到的消费者可以转售给收取高价的用户,歧视价格就成为变相降价而失去其意义。二是要能用一个客观标准把具有不同需求弹性的消费者分开。电力就符合这两个条件(电力无法转售,只能由购买者消费;电网分开了不同消费者)。

其实在市场上,企业只要具有一定的垄断权力,不一定是完全垄断,也可以运用歧视价格。例如,民航并不是垄断市场,但各民航公司都有一定垄断权力,所以也广泛运用了歧视价格。民航机票实行实名制,所以符合产品或劳务不可转让的条件。民航旅客的需求弹性也不同。一般而言,公务乘客需求缺乏弹性,而民用乘客需求富有弹性。民航公司找出了一些客观标准来区分这两类旅客(如在往返航线上,旅客是否在对方城市渡过周六,根据经验,即使降价公务乘客也不在对方城市渡过周六,而民用乘客只要降价就愿意在对方城市渡过周六),从而可以实行歧视价格。

在垄断的情况下,无论是单一价格还是歧视价格,都要高于竞争市场上的价格,为了维持这种价格,产量就低于竞争下所能实现的产量。高价格损害了消费者利益,低产量降低了资源配置效应。这正是垄断所引起的弊病。此外,在垄断之下,企业会为了谋求垄断地位而向政府进行游说。只要获得垄断的经济利润大于游说的成本,就会有企业进行游说,而政府有关部门也会利用给予垄断的权力获得好处。这就是垄断下出现的寻租现象。垄断的这些问题是它受到批评的原因。

但垄断的存在也有促进科技进步和增强国际竞争力的好处。

1998 年，比尔·盖茨（左）在美国参议院司法委员会关于微软垄断问题的听证会上作证。

美国电话电报公司（AT & T）曾垄断美国电讯业，但以该公司雄厚力量为背景的贝尔实验室对战后科技突破起了巨大推动作用。美国波音公司和麦道公司合并而成的垄断加强了美国大型民用客机在市场上的竞争地位。

垄断的是非一直是经济学界和政界争论的话题。前一段围绕微软垄断问题的争论就说明了这一点。美国司法部起诉微软侵犯了消费者利益，并压制了软件行业的竞争，要把微软一分为三。但也有许多经济学家为微软辩护，认为微软代表了美国新经济，解散微软是对市场竞争中成功者的打击，并不公平。无论最后结果如何，这种争论肯定还会持续下去。

3 "农夫山泉有点甜"

打开电视,扑面而来的是广告。只要略加留心你就会发现,做广告的大多是化妆品、药品、家电这类企业。这些企业做广告并不是因为它们对广告情有独钟,而是因为它们处在一种垄断竞争的市场中。

垄断竞争是一种既有垄断,又有竞争,既不是完全竞争,又不是完全垄断的市场结构。在这种市场上,每个企业都有一定的垄断,但它们相互之间又存在激烈的竞争。形成这种市场结构的主要原因是产品差别。

产品差别是指同一种产品在质量、牌号、包装、形式、服务等方面的差别。一种产品不仅要满足人们实际生活的需要,还要满足人的心理感觉需要。每个人的偏好不同,即使对同一种产品的细微差别也会有不同需求。例如,同样的自行车,年轻人喜欢颜色鲜艳的,中年人喜欢黑色的。自行车的这种颜色差别就是众多的产品差别之一。消费者为了满足自己特殊的偏好愿意支付较高的价格。每种有差别产品都以自己不同于其他同类产品的差别吸引了一部分消费者,从而在这一部分消费者中形成了自己的垄断地位。生产这种有差别产品的企业就可以在一定程度上控制价格,获得经济利润。经济学家所说的"有差别就会有垄断"正是这个意思。

但是,有差别的产品毕竟是同一种产品,尽管有不同,替代性还是相当强的。例如,不同颜色的自行车都可以满足行的需求,可以互相代替。这样,有差别的产品之间就存在着激烈的竞争。产品差别引起垄断,但并不排除竞争。这样,生产有差别产品的行业就成为垄断竞争市场。

垄断竞争的市场有三个特征。第一,每个企业面临着向右下方倾斜的需求曲线,价格下降,需求量增加,企业可以决定自己的产量与价格。这与垄断市场相同。第二,不存在进入限制,企业可以自由进入和退出市场。第三,存在大量企业。后两点与竞争市场相同。

在短期中,垄断竞争市场上的每家企业都可以依靠自己的产品特色对一部分消费者形成垄断地位,从而控制产量与价格,在高价少销与低价多销之间做出选择,实现利润最大化。这样,这些企业就可以像垄断者那样行事。

但在长期中,生产有差别产品的企业并不能维护自己的垄断地位。因为当某种产品有经济利润时,其他企业就会进入,或者模仿其特色,或者创造出自己的特色,从而就会形成激烈的竞争。竞争的结果是价格等于平均成本,每个企业只能实现收支相抵,即经济利润为零。例如,某化妆品企业生产了一种有特色的儿童护肤霜,由于其特有的功效吸引了爱子心切的家长,企业可以收取高价格,获得经济利润。这种产品的成功吸引了其他企业进入,它们或仿制这种产品,或开发出具有自己特色的儿童护肤霜。于是,各个企业激烈竞争,最后各企业的经济利润都消失。

那么,对一个垄断竞争市场上的企业来说,应该如何在竞争中取胜,或者说采取什么竞争战略来完成自己商品"惊险的一跳"呢?

从以上的分析中我们得出的结论是,企业在短期中可以获得经济利润,只是这种经济利润无法长期维持下去。而短期中的经济利润来自产品差别引起的垄断地位。但长期无非是无数短期之和,如果能不断推出有特色的产品,不就把长期变为一个个短期了吗? 所以,垄断竞争企业的成功之路在于创造自己的产品特色。

产品特色或差别来自两方面。一是产品的实际差别,即可以看得见、摸得着的差别,例如,同一种自行车质量、形式、颜色等方面的差别,另一个是消费者感觉的产品差别。例如,两种品牌的酒尽管质量是完全相同的,但消费者也许会由于听信了广告宣传而认为一种酒就比另一种好。这种产品差别更多地来自消费者的心理感觉。创造产品差别就要在这方面下功夫。

首先看质量。这是一种重要的产品差别,同一种产品,质量好的就对消费者有吸引力,能形成垄断地位。"质量是企业的生命"就是这个含义。有些企业对产品不重视,正是产品没有市场的原因。当然,在质量问题上也要有新思路。质量与价格是相关的,消费者重视"质量—价格比"。高质量,高价格,是产品特色;低质量(但不是伪劣产品),低价格,同样也是特色。以手机为例,性能好、功能多、质量高的手机,价格尽管高,也在一部分消费者(如商务用户)中形成垄断地位。但美国市场上推出的单功能一次性手机也具有自己的特色,以 20 美元的低价位(包括若干时间通话费)创造出自己的特色,吸引了一批年轻消费者。不同的质量以不同的价格在某一群体中形成垄断地位。所以,创造低质量低价格产品也是创造产品特色。现在消费的趋势之一是一次性消费品的增加,这种产品的特色不正是低质量吗？同一种产品可以有不同的质量,针对不同消费者的需求,都可以有市场。

其次是产品的形式。记得 20 世纪 30 年代后通用汽车公司总裁斯隆提出了一个口号:制造汽车就是造形式。这种思想打破了 T 型汽车一个形式的模式,生产出了各种不同的汽车,取得了成功。其实时装也就是形式不同。同一种产品可以有不同的形式,不同的形式变化就是创造产品差别。改变产品的形式并不难,难的是企业要改变习惯的思维方式。长期以来,洋娃娃市场是芭比娃娃占主导,越做越漂亮。有企业逆向思维做出了丑陋的椰菜娃娃,结果以其丑的特色获得消费者喜爱,占领了市场。洋娃娃是同一种产品,仅仅是做的形式不同,每年有新花样,就有广阔的市场。产品形式的变化是无止境的,这种产品差别可以无限地创造下去。

过去我们有些企业不重视包装,其实"人配衣裳马配鞍",产品的包装也是产品特色之一。50 年代初,美国杜邦公司由于忽视包装问题而失去了部分市场。它们通过市场调查发现了"杜邦定理"——63％的人重视包装,在选购商品时首先看包装。以后杜邦公司改进了包装,才又重振雄风。据国外调查,普通商品的包装占商品成本的 3％—15％。用这些钱做出有特色的包装,就是创造产品特色。"货卖一层皮",包装是给消费者的第一印象。礼品这类特

　　由美国奥尔康公司推出的椰菜娃娃曾是 20 世纪 80 年代最为风靡的玩具。人们发现,这些圆头圆脑、憨态可掬的,躺在模拟的婴儿床上等人认领的小家伙拨动了他们内心最温柔的心弦。

殊商品的包装更是价值非凡。古代寓言故事"买椟还珠"就说明了包装的重要性。而且,在包装上创造产品特色并不难。在现代社会中,仅求产品实惠的观念早已过时了。我国的许多出口商品,质量相当好,就是因为包装差,卖不出好价钱。我国的人参并不比韩国差,但过去我们用麻袋包装运到香港,韩国为每根人参配了一个精致的盒子,结果,我们的人参物美价廉仍无销路。这个教训从反面说明包装作为产品特色的重要性。

　　在创造产品差别,特别是让消费者感到你的产品的确有差别,还必须在营销策划上下功夫。产品是否有差别以消费者的认知和承认为标准,企业的营销策划就要消费者了解和接受你所创造的产品差别,甚至使本来没差别的产品,也让消费者觉得有差别。

营销中最重要的首先是品牌。品牌是产品质量和特色最明显的标志,据美国的调查,美国 70％ 的消费者在购买时最重视的是品牌。企业的无形资产中最重要的是品牌,世界上许多著名品牌的价值都在几百亿美元以上,正是因为品牌形成最重要的产品特色,能垄断部分消费者。许多产品的实际差别消费者无法从直观上辨认出来,有的产品实际上并无差别,但品牌使消费者可以辨别出实际存在的微小差别,或者把无差别产品作为有差别产品,愿意接受较高的价格。例如,作为一种药品,不同企业生产的阿司匹林药在质量、形式等方面毫无差别,但德国拜耳公司的阿司匹林在市场上价格高于其他企业生产的阿司匹林,消费者还愿意接受。这就是因为消费者认为拜耳的阿司匹林是名牌。创造出一个成功的品牌是企业重要的营销战略。品牌的创造是产品质量和广告宣传结合的产物。两者缺一不可。"酒好也怕巷子深"是说好产品还需广告宣传,但没有好酒再做广告也没用。创出一个品牌是企业长期奋斗的过程,那种不在产品上下功夫只想靠大量广告投入创造名牌的做法决不是正路,只有一时虚假的辉煌,而没有长期的成功。

营销中的另一个重要内容是广告。广告是企业把自己的产品特色告诉消费者,让消费者认知,或者使消费者把本来无差别的产品作为有差别来接受的重要手段。企业的广告一般分为三种类型:宣传企业形象(称为企业形象广告)、宣传或创造产品差别(称为劝说性广告)、或告诉消费者有关产品的信息(称为信息性广告,一般用于消费者已熟悉的产品)。在创造产品差别中最重要的是第二种类型的劝说性广告。劝说性广告就是要使消费者了解或承认自己的产品特色,并愿意以高于同类产品的价格购买。这样在广告中就要突出自己的产品特色。例如,农夫山泉的广告以一句"农夫山泉有点甜"突出了它的特色在于口感与其他矿泉水不同,从而赢得了市场。在企业的各种营销支出中,广告是最重要的支出,一般要占到营销额的 10%—20%,当一种新产品进入市场时,广告支出可高达营销额的 100%。可见运用成功的广告吸引消费者极为重要。

由法国著名影星凯萨琳·德纳芙代言的香奈儿香水广告成功地将"完美女人"的形象和香奈儿香水联系在一起,唤起无数时尚女性的购买欲望。

营销的最后一个内容是服务,包括销售服务和售后服务。销售服务是在出售产品中提供的,同样的产品放在不同销售环境中出售是一种重要的产品差别。例如,同样质量的食品放在一个干净卫生的商店出售和放在一个脏乱差的商店中出售,消费者就会感到有产品差别,宁愿多花钱在干净卫生的商店中购买。优雅的购物条件、和蔼的服务态度、漂亮的服务员,都是销售服务。这些差别使同样的产品也会有差别。许多产品的售后服务也是一种产品差别。对空调、彩电、电脑、汽车这类耐用消费品,售后服务是至关重要的产品差别。海尔、万家乐等产品销得好的一个原因就是重视售后服务。"多花点买个放心"正是消费者对售后服务这种产品差别的承认。售后服务好的企业就以这种产品差别而在市场上拥有某种程度的垄断地位。

产品特色是创造出来的,企业创造产品特色的过程可以称为创新活动。垄断竞争市场上企业成功的关键正在于这种创新活动。

4 彩电业的价格战

寡头的原意是为数不多的销售者。寡头市场是指少数几家企业垄断了一个市场,控制了这一行业的供给。

寡头市场形成的条件是规模经济。在某些行业中,生产技术条件决定了只有大规模生产,产量达到相当大的水平时,平均成本才能最低,才能实现规模经济。为了实现这种规模,建立一个企业的投资十分巨大。同时,由于每个企业产量都很大,只要有几家这样的企业就可以满足全部市场需求。而且,由于这种企业要求的初始投资大,已有企业在内部管理和市场竞争中的优势,其他企业再进入这一行业非常不容易。这样,就形成了几家大企业控制市场的状况。钢铁、汽车、石油、化工、香烟、彩电等行业都是这种市场结构。在这种市场上四家最大企业所占有的市场份额在 60% 以上。

寡头市场上一个重要的特征是几家大企业之间的相互关联性。在完全竞争市场和垄断竞争市场上,企业数量很多,相互之间没有什么关联,即它们各自做出自己的决策,互不影响。在垄断市场上只有一家企业,也不存在与其他企业的相关性。但寡头市场上,只有几家企业,且每家企业在市场上都占有相当份额,它的决策对整个市场和其他企业都有重要影响。一个企业的决策能否成功在相当大程度上取决于其他企业所做出的反应。所以,一家企业在做出某种决策之前就要对其他企业可能的反应做出预测。寡头企业在决策中的这种相互依赖性就是它们之间的关联性。这种关联性是其他市场结构所没有的,也是我们分析寡头市场的出发点。

寡头市场的这一特征使它产生了不同于其他市场结构的特点。第一,很难对每个企业和整个市场的产量和价格的决定做出确切而肯定的答案。这是因为,每个企业在做出产量和价格决策时要考虑其他企业可能会有的反应,而其他企业的反应有多种可能,难以确定。第二,在正常情况下,价格和产量一旦确定以后就有相对稳定性。这是因为每家企业难以确定其他企业的行为,都不会轻易变动现有决策,不会打破已形成的均衡关系。第三,企业的相互关联性和企业数量少使它们之间更容易形成某种勾结。但这种勾结也难以长期维持,一旦各企业实力有变动,勾结就会打破。

在现代经济学中通常用**博弈论**来分析寡头之间的行为,博弈论又译为对策论,分析当决策主体的行为直接相互影响时的决策及其结果。寡头市场上的企业正是这种情况。

我们先用博弈论来分析寡头市场上的价格战。价格战是寡头市场上常见的一种,目的是通过低价格把对手赶出市场,提高自己的市场占有份额。假设 A、B 两个企业控制了一个行业市场,每个企业都有相同的成本,市场需求为既定。每家企业都有两种选择:维持原价和降价。如果两家都维持原价,各获利 10 亿元;如果都降价,则各损失 50 亿元;如果一家降价另一家不降价,则降价者扩大市场占有份额获利 20 亿,而不降价者失去市场损失 20 亿。在这种情况下,本来两家共同的选择是维持原价。但每家都考虑:如果对方降价我不降价,就会损失 20 亿,而如果对方不降价而我降价就会获利 20 亿。因此,就会选择降价。一家降价,另一家回应,这就引起价格战。结果都损失 50 亿。每家都会从自身利益出发降价,这就是我们在彩电、空调、微波炉这类寡头市场上常看到的现象。

一些经济学家认为,这种价格战结果是两败俱伤,我国彩电市场在一段时间内也出现了这种情况,2000 年甚至彩电行业全行业亏损。但这只是暂时现象,从长期来看企业不会总是赔本降价竞争的。这种竞争会有三个好处：第一，消费者得到低价格的产品。第二，实现行业内的优胜劣汰，把低效率企业淘汰出去。第三，迫使企业提高效率。我国彩电行业的价格战有第一个结果，但由于市场经济的不完全性和政府干预，第二个结果没有完全实现；第三个结果是有的，但由于缺乏在技术创新上投资，效率提高也有限。

当然寡头市场上也并非总是发生价格战。在一般情况下，它有三种决定价格的方法：第一，价格领先制，即由一家实力强大的企业首先定价，然后其他企业跟从。第二，成本加利润定价。在各个企业力量相当时，各自按平均成本加平均利润定价。由于各个企业力量相当时，各家平均成本相近，行业利润率也是各家企业都知道，这样，定出的价格是相近的。第三，勾结定价，即寡头勾结起来共同决定价格。分开的勾结定价就是参与者组成一个卡特尔，石油输出国组织就是这样一个卡特尔。在许多国家，这种做法被法律所禁止，所以采取了一些默契的形式。

寡头市场上价格竞争是激烈的，但并不是竞争的唯一手段。在有些寡头市场上（如汽车和彩电市场）存在产品差别，因此创造产品差别的竞争也与垄断竞争市场一样。

各个市场结构有不同的特点，各个企业也有不同的竞争策略。因此，在市场上各个企业首先要正确认识自己所处的市场结构的特点，确定自己的竞争战略，以取得成功。

市场失灵与政府

政府有时可以改善市场结果。

——格里高利·曼昆

　　格里高利·曼昆（N. Gregory Mankiw，1958—　），哈佛大学经济学教授，新凯恩斯主义的代表人物之一。他以"菜单成本"理论而进入顶尖经济学家的行列。他的《经济学原理》风行全世界，也是中国最畅销的经济学著作。他所总结的经济学十大原理已被经济学界广泛接受，我们这里所引用的是其第七个经济学原理。

　　以上各章的分析说明了市场是一种配置资源的好方法。但与一切事物一样,市场也不是十全十美的。在许多情况下,通过价格的自发调节可以实现供求平衡,从而实现资源的最优配置。但在一些情况下,仅仅是市场调节并不能实现供求平衡,这种情况称为**市场失灵**。市场失灵产生于**公共物品**、**外部性**和**垄断**。有时市场失灵要由政府调节来解决。这正是政府在市场经济中的作用。

1　路灯为所有人照明

　　要了解公共物品为什么会引起市场失灵,首先必须了解与公共物品相对应的私人物品。

　　私人物品是由个人消费的物品,它具有消费的**排他性**和**竞争性**。排他性指一旦一个人拥有了某种物品,他就可以很容易地不让别人消费。例如,如果你拥有一个苹果,你要不让别人消费这个苹

果是很容易办到的。竞争性是指一个人消费了一定量某种物品，就
要减少其他人的消费量。因为市场上的物品是有限的。例如，你多
消费了一个苹果，其他人就要少消费一个苹果。私人物品的排他性
和竞争性决定了每个人只有通过购买才能消费某种物品，也就是说
消费者只有通过市场交易向生产者购买才能消费这种物品。有市
场交易行为就有价格。如果生产者认为消费者愿意支付的价格使
他们生产有利可图，他们就愿意生产。交易的结果双方都满意。因
此，由自发的价格来调节私人物品可以实现供求相等。在配置私人
物品生产的资源时，市场机制是有效率的。我们以前说明的就是这
一点。

公共物品是由集体消费的物品，它具有消费的**非排他性**和**非竞
争性**。例如，路灯是一种公共物品，你无法不让任何一个人利用路
灯，这就是公共物品的非排他性，即无法有效地阻止任何人消费。
同时，你利用路灯也并不影响别人利用路灯，一个路灯可以为所有
过路人照亮。这就是公共物品的非竞争性，即一个人的消费不会减
少其他人的消费。

公共物品的非排他性和非竞争性决定了人们不用购买仍可以
进行消费。这种不用购买就可以消费的现象称为**搭便车**，或免费乘
车。人们不购买公共物品，公共物品就不会进入市场交易，从而也
没有价格，生产者也不愿意向社会提供。这就是说，依靠市场价格
自发调节，公共物品的供给就大大小于需求。但像国防、道路、立
法、基础研究这类公共物品是任何一个社会发展所必需的。然而，

经济学意义上的"搭便车"——不付成本而坐享他人之利——由于公共物品具非排他性，某人对公共物品的消费不能排斥其他人对其同样的消费，所以有人就会有获得利益而逃避付费的行为。

市场调节无法提供充分的公共物品，在公共物品问题上，市场所实现的资源配置是无效率的。这就引起**市场失灵**。

亚当·斯密最早提出了"无形的手"的思想，但他也认为政府应该提供国防、立法这类公共物品。可见在市场经济中，提供公共物品是政府的职责之一。这就是说，政府通过征收得到收入，用这种收入为社会提供公共物品。有些公共物品是由政府直接提供的，例如，国家建立军队保护国防，设立法庭、执法等等。政府提供公共物品也以满足社会需要，实现供求平衡为目的。

私人物品由市场提供可以自发实现供求平衡。但政府提供公共物品时，由政府官员决定，如果有相应的监督机制，进行科学决策，会使供求接近于平衡。但如果官员出于自身的利益考虑扩大公共物品的提供，使公共物品的供给大于社会需求，而又没有相应的有力监督与制约，或者决策失误，也会引起资源配置失误。

这时就出现了"政府失灵",即政府代替市场仍没实现资源配置最优。

要防止或减少政府失灵必须有一套民主科学的政治制度,但任何制度都不可能是完善的。这就是克服政府失灵的困难。社会只有在市场失灵与政府失灵之间选其弊小者。

此外,有些物品介于私人物品与公共物品之间,兼有私人物品与公共物品的特征,称为**混合物品**。这种物品如高速公路,当车辆少又不收费时,没有竞争性和排他性,属于公共物品。但当车辆拥挤又收费时,就有了竞争性和排他性,属于私人物品。这些物品与国防之类纯公共物品(即任何时候都不具有私人物品的特征)不同。对于这类混合物品可以由政府提供,如政府出资修建高速公路免费使用(美国就是这样)。但也可以交由私人按市场经济规律经营,即私人投资建设,并实行收费。许多国家采用这种办法取得了良好效果。由于这类基础设施投资大,也可以由政府投资,租给私人经营。公共交通这类传统的公共物品也可以用这种办法解决。尽量借助市场解决这类公共物品的供给,可以减少政府失灵,使公共物品的供给更有效率。

2 可交易排污证的作用

外部性又称外部效应,指某种经济活动给予这项活动无关的第三方带来的影响。这就是说,这些活动会产生一些不由生产者或消费者承担的成本,或不由生产者或消费者获得的利益。

例如,一个造纸厂的生产不但影响生产者和消费者,而且造纸引起的污染还给附近居民带来不利影响,在生产者或消费者都不承担污染的成本时就是一种负的外部性。仅仅靠市场机制是无法消除这种负外部性的。这是因为在市场经济中生产者考虑的是自己生产产品的成本和收益,即私人成本和私人利益,消费者只考虑自己从购买物品中得到的效用和付出的价格,即私人利益和私人成本。当生产者与消费者的供求平衡时,私人成本与私人利益是相等的。如果没有负外部性,社会成本与私人成本相等,社会收益与私人收益也相等。当生产者和消费者通过市场调节实现供求相等时,社会利益与社会成本相等,从社会角度看这种资源配置也是最优的。但在有负外部性时,社会成本中增加了负外部性给第三者带来的成本,从而社会成本大于私人成本,而社会利益仍然等于私人利益。这样,从个人角度看,私人成本与私人收益相等,实现了资源配置的最优。但从社会角度看,社会成本大于社会收益,并没有实现资源配置最优。这就是市场失灵的表现。

另一种外部性是正外部性,即某项活动带来的部分利益由与这项活动无关的第三方获得。例如,教育给教育者(生产者)和受教育者(消费者)带来利益,但也给社会其他人带来好处——教育水平的提高使任何一个人都生活在一个更文明的环境中。如果由市场调节,教育者和受教育者都以实现自己的私人成本和私人利益为目的,价格调节实现供求平衡。这时,教育的私人成本与社会成本相等,但教育的社会收益大于私人收益。因为社会收益中还应该包括其他与教育无关的人得到的好处。这样,从个人的角度看,实现了资源配置最优,但从社会的角度看,没有实现资源配置最优。这也是市场失灵的表现。

经济学家认为,如果产权明确,外部性问题仍然是可以通过市场来解决的。例如,如果产生污染的造纸厂建立在一个由私人钓鱼俱乐部拥有的小河边。造纸厂和小河的产权都是明确的。在这种情况下,造纸厂和小河的所有者就可以通过谈判来解决这个外部性问题。因为造纸厂侵犯了小河所有者的私人产权,后者有权保护自己的产权不受损害。小河所有者可以提出赔偿以治理污染的要求。如果这种赔偿造纸厂认为可以接受,小河所有者用这笔钱治理污染,负外部性消除。如果造纸厂认为赔偿后生产无法经营下去,只有停产,负外部性也消除了。所以,只要产权明确,市场调节仍可以消除外部性,实现资源配置最优。

但现实中并不是在一切情况下都可以实现产权明确的。例如,空气、河流一般只能是一种公有产权,无法实现私有,产权也无法明确到个人或单位。在这种情况下,拥有空气或河流的人太多,无论这些人分别与污染者谈判,或这些人自己先达成协议再与污染者谈判,交易费用都太高,谈判无法进行,外部性问题也就无法解决,因此,在许多情况下外部性问题也要由政府干预来解决。

对于负的外部性一般做法是由政府向引起负外部性的生产者

征收税收,这种税收最初是由英国经济学家庇古提出的,因此也称
为庇古税,以区别于其他税收。征收庇古税是把负的外部性内在
化,即把引起负外部性的外部成本转给引起负外部性的生产者,这
样,污染就成为生产者成本的一部分,使私人成本增加到与社会成
本相等。生产者如果不想交纳这种税就要自己治理负外部性,如果
生产者不治理这种污染,就由政府用这笔税收来治理负外部性。如
果增加税收之后,生产者成本增加,小于收益,它也会自动减少生
产,甚至停止生产。例如,对造成污染的造纸厂就要征收庇古税。

对于正的外部性一般做法是由政府向引起正外部性的生产者
给予补贴。给予补贴也相当于把正的外部性内在化,即把引起正外
部性的外部收益转给引起正外部性的生产者,这样,外部收益就成
为生产者收益的一部分,使私人收益增加到与社会收益相等。生产
者收益增加就会增加有正外部性的生产活动。例如,各国政府都办
教育,或者给教育以补贴,就属于这种补贴。

但税收和补贴也并不是没有问题的。就税收而言,税收是可以
转嫁的,庇古税的作用还取决于这种税收的归宿,即最后由谁承担
这种税的负担。就对污染的造纸厂征收的庇古税而言,如果纸张的
生产富有弹性,而需求缺乏弹性,那么,造纸厂就可以提高价格,把
大部分税收转嫁给消费者,造纸厂承担的税收很小,从而这种税收
就起不到减少或消除污染的作用。补贴会引起受补贴企业生产效
率低下,尽管有了补贴,也无法增加有正外部性的活动。

当然,也可以用立法和行政来解决外部性问题。例如,制定有

关禁止污染的法律,强制造纸厂治理污染或停止生产。但是,这种执法需要相当高的费用,而且这些立法实施、监督都有相当难度。因此,许多国家都在探讨更为有效的手段。例如,美国实行可交易排污证的做法。具体做法是根据实际情况确定一个城市的排污标准,然后向污染企业发放(或拍卖)排污证,排污证可以在市场上进行交易。这种方法降低了排污的成本。举个例子说,某城市确定可吸入颗粒物的排放总量为 20 吨,然后向两个排污工厂钢铁厂和化工厂各发 10 吨排污证。这两个厂治理污染成本不同,钢铁厂减少每吨污染需 2 万元,而化工厂为 1 万元。如果允许它们之间交易排污证,钢铁厂向化工厂购买排污证,假定他们以 1.5 万元一吨排污证的价格成交。钢铁厂可多排出 10 吨,共节约治理污染费用 5 万元,化工厂治理污染 1 吨需 1 万元,共需 10 万元,多得到 5 万元收入。两家工厂共同的排污仍达到了总体标准(20 吨没有增加),但从社会看节约排污成本 10 万元(各分享 5 万元)。这种方法在美国的实施是成功的。这就是借助市场调节来实现有效减少负外部性。

3 "俘获"与"合理性原则"

如前所述,我们把市场结构分为完全竞争、垄断竞争、寡头和垄断。前两种市场称为有效竞争市场,即可以实现有效的竞争,政府不必干预。但在寡头和垄断市场上,当一个或几家企业控制了市场时,竞争起不到应有的作用。我们知道,市场机制的作用是通过竞争来发生的,当垄断力量阻碍了竞争时,市场机制无法正常发生作用,就会出现市场失灵。垄断是产生市场失灵的第三个原因。

市场机制发生作用的条件是有效竞争。在这种情况下,价格由供求自发决定,可以反映供求的变动情况,并调节供求,实现资源配置最优。但在寡头和垄断市场上,供给并不由市场决定,垄断企业可以控制产量,并通过调节产量而在相当大程度上影响价格。通常的做法是减少产量使供给减少,价格上升。这样,产量低于竞争条件下能实现的水平,没有实现资源配置最优,由于产量没有达到适度规模,平均成本也不会最低。由于缺乏竞争的压力,垄断企业不会努力提高效率并降低成本,这就是效率的损失。

寡头与垄断的形成在经济中有其必然性和合理性,竞争会产生垄断。规模经济形成的寡头、专利法所引起的垄断对社会有积极作用。许多行业只有形成寡头才有效率,能进行重大的技术创新,所以,完全消除垄断是不可能的。社会无法避免垄断,社会也离不开垄断,因此,解决这种市场失灵的方法就是由政府对垄断进行限制。

各国都有相应的法律与政策对垄断进行限制。其中主要有**管制**、**反垄断立法**和**国有化**。

管制是一种行政手段,主要通过价格决定、产品标准与类型、新企业进入条件来对寡头和垄断企业的行为进行限制。为了实行这些管制,政府建立了相应的机构。美国最早的管制机构是 1887 年成立的州际商业委员会(ICC)。到 20 世纪 70 年代后期,有近四分之一的国内生产总值（GDP）是由受管制行业生产的。管制涉及银行与金融服务、电讯、煤气和电力、铁路、公路运输、航空等行业。对于这种管制的作用，经济学家有两种不同的解释。一种是"管制的公共利益论"，即管制是为公共利益服务的，有利于优化资源配置。另一种是"管制的俘获论"，即管制实际上是为受管制行业服务的，不能优化资源配置，只是给生产者带来了好处。"俘获"是指政府的管制机构被受管制者俘虏了。近年来，更多的经济学家倾向于批评管制，美国在 20 世纪 70 年代末期开始取消对许多行业的管制。总体上看，取消管制的作用是好的，一些受管制行业在取消管制后利润率下降说明了这一点。

反垄断法也称反托拉斯法。目的在于用立法手段禁止某些垄断、限制垄断，或解散已形成的垄断。美国较早的反托拉斯法是 1890 年通过的谢尔曼法，以后又有几个修正的反托拉斯法。反托拉斯法的作用取决于其实施情况。一个企业的行为是否违背了反托拉斯法取决于法院裁决。这就使反托拉斯法的实施有相当大的随意性。尤其是法院在裁决垄断案件时依据一种"合理性原则"，即由合并或协议形成的垄断不一定违法，只有存在对贸易的不合理限制时才违法。而什么是"对贸易的不合理限制"要由法院裁定。近年来围绕微软垄断案的争论说明了反托拉斯法的随意性，也反映了社会对垄断的不同态度。

国有化是用国家垄断来代替私人垄断，目的是把私人垄断获得的利润转由国家获得，并由国家提供更好的服务。二战后许多欧洲

　　"参议院的老板们",约瑟夫·克普勒的漫画讽刺性地描绘了美国镀金时代垄断企业控制美国经济与政治生活的社会现实。美国政府制定反垄断法的原因不仅仅出于经济因素,还有政治上的考量;它反对权力过于集中,从而保障民主政权的稳定;甚至还有道德上的目的,认为竞争有利于激发人的奋发向上精神,而垄断可能打击这种精神,叫人垂头丧气。

国家对电讯、铁路、钢铁、民航等寡头和垄断行业的企业实行国有化。但从总体情况看，效果并不好。这些国有企业缺乏一套有效的监督与激励机制，缺乏竞争，官僚主义严重。这就使这些企业效率低下，企业亏损，政府背上了沉重的财政包袱。这正是 20 世纪 70 年代末以后各国纷纷对这些国有企业实行私有化的原因，而且，这些私有化是成功的。

市场失灵引起政府干预，但政府干预又引起政府失灵，即政府的干预并没有起到预期的作用。市场和政府都失灵，出路何在呢？结论是市场有不可替代的作用，是主要调节者，但政府仍然是有作用的，问题在于如何根据实际情况把这两者适当地结合起来。

收入分配：平等与效率

对效率的追求不可避免地产生出各种不平等，因此，在平等与效率之间，社会面临着一种选择。

——阿瑟·奥肯

阿瑟·奥肯(Arthur M. Okun, 1928—1980)。美国著名凯恩斯主义经济学家,曾在1964—1968年任总统经济顾问委员会委员。他论述国内生产总值增长率与失业率之间关系的奥肯定理已成为经典之论。他的名著《平等与效率》是有关这一问题最权威的论著,至今仍受重视。我们引用的这段话就出自这本书。

随着知识经济的出现和全球经济一体化，贫富差距又一次受到关注。有人认为，现在的关键仍然是平均主义严重，要让那些对经济，尤其是对高科技做出贡献的人更富起来。有人认为，关键不在于贫富差距的大小，而在于过程的公平，即每个人都有平等竞争的机会。收入分配已成为全社会关注的问题，经济学家如何看待这个问题呢？

1　企业家赚的是正常利润

收入分配是解决"为谁服务"的问题。经济学家认为，劳动、资本、土地（自然资源）和企业家才能这四种生产要素共同创造了社会财富，分配就是把社会财富分给这四种生产要素的所有者。劳动得到工资、资本得到利息、土地得到租金、企业家才能得到正常利润。分配理论就要研究各种要素所得到的收入多少是如何决定的。

在市场经济中,各种要素所得到的收入由其在创造社会财富的生产过程中所做出的贡献决定。这就是市场经济中的按贡献分配的原则。这种原则作为一种激励机制有利于经济发展。

各种生产要素的贡献由其生产率和数量所决定。各种要素的生产率由其价格来表示,所以,各种要素的收入就是其价格与数量的乘积。例如,劳动的收入就是工资率(每小时的工资,即劳动的价格)乘以劳动量(按小时计算)。这样,收入分配的关键就是生产要素的价格决定。与一切物品的价格一样,生产要素的价格也是由其供求关系决定的。分配理论是价格决定理论在收入分配问题中的运用。

先来看工资的决定。工资是劳动的价格,由劳动的供求决定。劳动的需求是一种派生需求,由对产品的需求派生而来。企业需要劳动是为了进行生产,实现利润最大化。企业的劳动需求取决于**劳动的边际生产率**,即增加一单位劳动所增加的产量。劳动的边际生产率也随着劳动量的增加而递减。当劳动的边际生产率与工资相等时决定了企业所需要的劳动量。如果工资高于劳动的边际生产率,企业就减少劳动需求量;如果工资低于劳动的边际生产率,企业就增加劳动的需求量。这样,劳动需求量就与其他物品的需求一样,随工资下降而增加,随工资上升而减少。劳动的供给主要也取决于工资。如前所述,工资增加引起的替代效应和收入效应决定了劳动供给。如果替代效应大于收入效应,劳动供给随工资增加而增加。当劳动需求与劳动供给相等时就决定了均衡的市场工资水平。

　　以上所说明的是在完全竞争的条件下工资的决定,但劳动市场往往存在不完全竞争。从劳动供给一方来看,如果工人组成工会,就形成**卖方垄断**;从劳动需求一方来看,如果一个企业是某一地区唯一的或规模相当大的企业,就形成**买方垄断**。在卖方垄断的情况下,工会努力提高工资,有可能使工资高于劳动的边际生产率。在买方垄断的情况下,企业会竭力压低工资,有可能使工资低于劳动的边际生产率。在现实中,工会和企业都可能会有一定的垄断势力,实际的工资是由劳资双方的协商谈判决定的。其结果从根本上说取决于劳动市场的供求状况,当然其他因素也会有影响。此外,在现实中,**最低工资法**、**效率工资制**都会影响工资的决定。工人和企业出于各自收入和生产成本稳定的意愿也会在一定时期内保持工资的稳定,而不随劳动供求的变动而随时调整工资,尤其在较为长期的工资合约和劳资双方有某种默契的情况下,工资调整会慢于劳动供求的变动,从而形成工资粘性。

　　资本的价格是利率,利率乘资本量就是资本的收入。在生产中资本的价值并不是简单的转移,而是创造出了新价值,因此,资本的收入也是合理的。迂回生产理论说明了这一点。**迂回生产**是先生产资本品(设备机器等),然后用这些资本品生产消费品。迂回生产提高了生产效率,迂回生产的过程越长,生产效率越高。迂回生产的实现借助于资本,资本使迂回生产成为可能,从而提高了生产率。这种由于资本而提高的生产率是资本的净生产力。资本净生产力是资本能带来利息的原因。资本具有净生产力引起对资本的需求。

要使人们愿意放弃现在消费进行储蓄,提供资本,必须为人们牺牲现期消费提供报酬,这种报酬就是利息。在资本市场上,资本的供求决定了利率。

经济学所说的土地也是指各种自然资源,这种资源的收入称为租金。自然资源也对生产做出了贡献,所获得的是租金。租金的高低取决于自然资源的供给与需求。随着经济发展,社会对包括土地在内的各种自然资源的需求增加,但这种资源的供给是不变的,因此,租金有上升的趋势。这正是房地产从长期来看会增值的原因。

企业家才能是管理与经营企业的能力。在早期市场经济阶段,资本所有者与经营者往往是合二为一,由一人承担的,因此,在法国经济学家萨伊的三要素理论中并没有把企业家才能单独作为一种生产要素。随着市场经济的发展,管理与经营企业成为一种专门职业,在企业中越来越重要。企业的经营管理权逐渐与所有权分离,出现了职业经理人,因此,英国19世纪后期的经济学家马歇尔把企业家才能作为一种独立的生产要素从劳动中分离出来。企业家经营管理企业,进行创新和承担风险的活动就是企业家才能的运用。企业家为此所获得的收入称为正常利润。

在现代社会中,企业家的收入是相当高的,但这种高收入亦是由企业家才能的供求所决定的。企业家是生产中的灵魂,只有在企业家的高超指挥之下,各种生产要素才得以演出一幕幕有声有色的生产戏剧,创造出丰富的产品。企业家是一个企业成败的关键,因此,对企业家的需求是很大的。但企业家的供给又是非常少的。成

美国汽车大王亨利·福特。著名的《财富》杂志在评选"20世纪最伟大的企业家"时，这样评价说："'20世纪的企业家'是这样一位工业创建者，他改变了我们生活的每一片土地，第一个创建了'大市场'，并为之供应产品，他是我们生平的见的最伟大的企业家。他乡土气十足，他带着地个年代的的有偏见，也具有那种持久的天才——他就是亨利·福特。"

为一个成功的企业家要有先天的智商和情商，要受过系统的高等教育（国外成功的企业家多为名牌 MBA 毕业生），还要有丰富的经营管理经验。这样的人当然是很少的，就像体育或文艺明星那样。高需求低供给的供求关系决定了企业家的收入极高。而且，应该说，既然有人愿意出高价雇用他们，说明他们也值这个价钱。

总之，各种生产要素的收入都是由其供求决定的，这种分配有利于效率的提高，但这种分配原则引起收入分配的不平等。无论按贡献分配如何合理，如何有利于效率的提高，从平等观念和社会安定的角度看，这种收入分配不平等不能不引起我们的关注。

2 少数人开着宝马车去高尔夫俱乐部

在现实社会中,一方面是几千万人尚未脱贫,另一方面是少数人开着宝马车去高尔夫俱乐部。其实这种现象不仅中国有,每一个市场经济国家都是这样(应该纠正一种错误观念:计划经济下是平等的。计划经济下也并不全是按劳分配,而是工资加权力的分配,由于权力分配的重要性,表面的工资收入平等掩盖了权力引起的事实上的巨大不平等)。19世纪的批判现实主义作家在他们的作品中揭示了当时社会贫富对立的现实。今天穷人的状况没有那么悲惨了,但收入分配不平等依然存在。研究不平等现象存在的原因及政策,在平等与效率之间做出协调仍然是一个难题。

衡量一个社会收入分配平等状况的指标有好几种。这种指标是我们研究的出发点。

衡量收入分配状况常用的指标之一是**劳伦斯曲线**,即用图形表示收入分配状况。这种曲线有直观、形象的优点,但只能在图形上观察,不如用具体数值方便。用数值表示收入分配状况的指标有**基尼系数**、**库兹涅茨指数**和**阿鲁瓦利亚指数**等。基尼系数是用收入获得者(个人或家庭)的相对比例与其所得收入的相对比例来计算的。基尼系数越大,社会收入分配越不平等;反之,基尼系数越小,社会收入分配越平等。库兹涅茨指数和阿鲁瓦利亚指数都是用一定百分比人口的收入份额来表示收入分配状况。如果以最富有的 20％ 的人口的收入份额来表示，则为库兹涅茨指数，这一指数的最低值为 0.2，指数越高，收入差别越大；如果以最穷的 40％ 人口的收入份额来表示，则为阿鲁瓦利亚指数，这一指数的最高值为 0.4，指数越低，收入差别越大。如果以最高收入的 20％ 人口的收入份额与最低收入的 20％ 人口的收入份额之比来表示，称为收入不良指数，这一指数的最低值为 1，指数越高，收入差别越大。现在国际上最通用的是基尼系数。

在不同市场经济社会中，收入分配不平等的原因不完全相同。但各个社会收入不平等的原因也有一些共性。

如前所述，在市场经济中每个人的收入取决于自己拥有的生产要素的效率与数量，因此，收入分配不平等首先是个人拥有的生产要素的质量与数量的不同引起的。在现代社会中，劳动是个人拥有的最主要生产要素，每个人的劳动质量和数量都不同。劳动质量是个人能力，包括天赋（脑力与体力的差别）和后天获得的能力（由正规教育、在职培训和工作经验中获得的人力资本）。经验证明，在人的能力中教育最重要。美国 20 世纪 50 年代高中毕业生与大学毕业生的工资差别为 42％ 左右，80 年代这一差距已扩大为 84％ 左右。在知识经济和全球经济一体化时代，这一差距还在扩大。劳动的数量取决于人努力的程度，每个人的机遇不同影响着人能力的发挥，也是引起个人收入差别的一个因素。人的资源还包括资本与土地。这些是过去积累的结果，也是个人收入差别的历史原因。

收入不平等

　　社会制度也是引起个人收入差别的重要原因。个别国家存在的户籍制度，阻碍了劳动力流动，加剧了收入分配差别；工会制度引起工会会员与非工会会员的工资差别。此外，许多国家存在的性别、种族或其他歧视，作为一种无形的制度（习俗）也导致受歧视者的收入偏低。

　　此外，各国的收入差别与其经济发展阶段相关。美国经济学家库兹涅茨根据统计资料提出了**倒 U 形理论**，即在经济开始发展时，随着经济发展收入分配不平等程度加剧，只有经济达到一定水平之后，收入分配状况才会变得平等。尽管有人对这一理论提出质疑，但发展中国家收入分配比发达国家更为不平等是一种普遍现象。发达国家在二战后，收入分配向平等化的方向发展，但 20 世纪 80 年代之后由于知识经济和全球一体化，收入分配不平等有加剧的趋势。在 20 世纪 90 年代美国经济繁荣时期，实际工资普遍增加了，

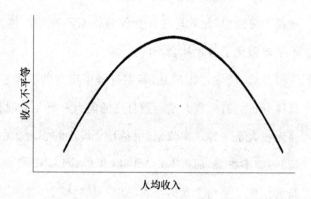

库兹涅茨曲线

但不熟练工人的实际工资并没有增加,甚至还略有下降,这使一些人对全球经济一体化持反对或怀疑态度。

还应该指出的是,在从计划经济转向市场经济的转型国家中,收入分配不平等现象较为严重,甚至在有些国家出现了尖锐的贫富对立。其原因在于这一转型过程的中心是私有化,即通过公开或隐蔽的方式把原来的国有资产转为私人所有。市场经济是以私有制为基础的,由计划经济转向市场经济必然伴随有私有化过程。但在这一过程中,一些官员利用离国有资产近的有利条件和手中的权力,把国有资产据为己有,这就出现了一个由原当权者形成的新权贵阶层(经济学家把这种经济称为权贵资本主义,这种现象不仅发生在转型中国家,而且也出现在菲律宾、印度尼西亚、巴西这类民主制度不完善、权力集中的国家)。另一方面,在转型中又有大量原来国有企业的工人失业,收入下降。这就使这些国家收入分配不平等问题十分突出,尤其是在社会保障体系不完善的情况下,收入分配不平等激化了各种社会矛盾。

当然,应该指出的是,转型过程中出现的收入分配不平等也要具体分析。有一些人是利用自己的能力和有利的时机而致富,收入差距拉大是一种正常现象,也是社会进步的表现。中国传统文化强调的是"不患寡,而患不均",1949 年后计划经济下的"大锅饭"分配制度深化了平均主义的小农心理。从整体看,收入差距的拉大是合理的,是一个历史性进步。但在这个过程中也出现了一些问题,主要是有些人富的路子不对,缺乏一种公平竞争环境;低收入者人数较多,尤其是广大农民收入增长较慢;还有一些绝对贫穷人口,社会保障还不健全,因此,一方面我们要让真正给社会做出大贡献的人(如成功的企业家、有贡献的科技人员)得到应得的高收入;另一方面,也要下大功夫改变低收入者的现状。平等不是收入的平均,而是机会的均等,是有一个公平竞争的环境。

3 蛋糕要做大并且分得要平等

收入分配涉及效率与公平的关系,既包括如何把蛋糕做大,又包括如何使蛋糕分得更平等一些。按市场原则分配,有利于每个人有效地利用与配置自己包括劳动在内的资源,从而有利于效率的实现。对于公平却有不同的理解,**结果公平论**强调收入分配平等化,过程公平论强调权力的平等与竞争过程的平等。大多数经济学家还是强调效率优先，兼顾公平。分配的基础是生产，没有经济的发展，一切都谈不上，平等也只是"共同贫穷"。但任何一个政府也都要用收入分配政策来纠正收入差距过大的现象。因为这不仅有助于公平这一目标的实现，而且也有利于社会稳定和经济发展。

在市场经济初期，贫困现象就引起社会关注。最早的济贫工作往往由教会与慈善机构承担，但不久之后由于这些机构难以承担这项工作，济贫就成为政府的职责之一。17世纪英国就通过了济贫法。系统的社会保障与福利计划在20世纪30年代大危机时期出

2011年，占领华尔街的抗议者在纽约金融区Zuccotti公园内的Foley广场集会。一份报告显示，在大萧条期间，白人和非白人之间的财富不平等日益增长。

现在瑞典等北欧国家。20世纪40年代,英国的贝佛里奇公爵提出了全面实现社会保障与社会福利的"贝佛里奇计划"。二战后西方各国实施了这种计划,出现了"从摇篮到坟墓"的福利国家。

收入分配政策的目的是实现收入分配平等化,缩小收入差距,政策手段主要是税收政策和社会保障与福利政策。

收入分配中的税收政策不同于宏观财政政策的税收政策,其目的是通过税收减少富人的收入,缩小收入差距。用于这种目的的税收政策包括个人所得税、遗产税和财产税,以及消费税。个人所得税是最重要的,它通过累进所得税制来缩小收入差距。累进税制是根据收入的多少确定税率,收入越高,税率也越高,对高收入者按高税率征税,对低收入者按低税率征税,低于一定水平的收入免征所得税。例如,美国个人所得税的最低税率为11%左右,而最高税率在50%左右。遗产税和财产税都是针对富人的,因为低收入者没有什么财产,也谈不上给子孙留遗产,这种税率一般都是较高的,普遍在50%以上。有些国家遗产税甚至高达80%—90%。其目的在于减少由于财产所引起的收入不平等。消费税是对某些奢侈性商品和劳务征收高税收。这些物品主要由高收入者消费,对这些物品的征税也是为了让他们交更多的税。当然,由于这些物品需求富有弹性而供给缺乏弹性,在征收高税收的情况下,富人可以消费其他替代性物品与劳务,效果并不明显。

如果说税收政策是通过对富人征税来实现收入平等化,那么,社会保障与福利政策则是要通过给穷人补助来实现收入分配平等化。社会保障与福利政策主要包括：第一，各种形式的社会保障，例如，给失业工人的失业津贴，给老年人的养老金，对收入低于贫困线者的贫困补贴，对有未成年子女家庭的补助，等等，这些补贴以货币支付为主要形式，也有发放食品券等实物的。第二，向贫困者提供就业与培训机会。第三，医疗保障与医疗援助，帮助低收入者医疗之用。医疗保障指医疗的各种必要支出，医疗援助指护理及出院后的其他费用。第四，最低工资法等保护低收入者的立法。第五，向低收入者提供低房租住房，等等。

应该承认，这些政策对缩小收入差距、改善低收入者的状况，稳定社会起到了积极作用。但也引起了两个不利后果：第一是降低了社会的生产效率，增加个人所得税使有能力的人的生产积极性下降，也增加了低收入者对社会保障和社会福利的依赖。第二是增加了政府的财政负担。在许多西方国家，用于社会保障和福利的支出已占政府支出的 50% 以上，在一些高福利的欧洲国家甚至占到 GDP 的 50% 以上。这些问题已引起广泛关注，引起各国探讨社会福利改革之路。

以上所介绍的是西方国家的收入分配政策，我国的情况与它们不同，解决收入分配不平等的方法也不会完全相同。首先，我们仍要以发展经济为首要任务，坚持效率优先，一切政策，包括收入分配政策，都应以此为中心，决不能回到平均主义，以平等为唯一目的的老路上。其次，在发展经济中提高低收入者，尤其是农民的收入，扩大中等收入者的人数，使中等收入者成为人口中的主体。最后，要健全社会保障与福利体系。我们的这种体系应该以低标准、广覆盖为原则，不能走高福利之路。

效率与平等的交替也是我们现在所面临的问题，也许解决这一问题的难点不在确定原则，而在于如何去做，这正是经济学要深入探讨的问题。

宏观经济指标

GDP 衡量一切，但并不包括使我们的生活有意义的
东西。

——罗伯特·肯尼迪

　　罗伯特·肯尼迪(Robert F. Kennedy，1925—1968)，美国总统约翰·肯尼迪之弟，曾任美国司法部长和参政员，1968 年在竞选总统时被暗杀。我们所引用的这句话就是他在竞争总统的演说中对国内生产总值这个经济指标的批评。他不是经济学家，但他的这段话颇受经济学家重视。

在前几章中我们说明了市场经济中个人与企业如何决策,以及市场机制的调节如何实现有效的资源配置,这部分内容称为微观经济学。但从整体经济来看,尽管资源是稀缺的,有时却被浪费。在20世纪30年代大萧条时期,美国的失业率高达25%,设备大量闲置。经济的运行出了什么问题? 为什么稀缺的资源被浪费? 如何才能使经济中的资源得到充分利用? 这就需要从整个经济的角度来研究经济运行的规律。宏观经济学正是要通过对整体经济中常见的失业、通货膨胀、经济周期和经济增长这些重大问题的研究,来探讨整体经济运行的问题,并解决这些问题。人类也早就关注过整体经济的运行问题,但现代意义上的宏观经济学是在20世纪30年代之后发展起来的,其标志是英国经济学家凯恩斯1936年发表的《就业、利息和货币通论》。

一个经济的整体运行情况可以用具体数字来表示,这些数字就是宏观经济指标。我们研究宏观经济学首先要关注这些指标。能够表示一个经济的宏观经济指标很多,在这些指标中,我们最关注三个指标:**国内生产总值、物价指数和失业率。**

1　GDP 与 GNP

衡量一个经济整体状况的最重要指标是国内生产总值(英文缩写 GDP)。

国内生产总值是一国一年内所生产的最终产品(物品与劳务)市场价值的总和。这里所说的"一国"是指在一国的领土范围之内,这就是说只要在一国领土之内无论是本国企业还是外国企业生产的都属于该国的 GDP。过去常用的国民生产总值(GNP)中的一国是指一国公民,这就是说本国公民无论在国内还是国外生产的都属于一国的 GNP。国内生产总值与国民生产总值仅一字之差,但有不同的含义。在用 GNP 时,强调的是民族工业,即本国人办的工业;在用 GDP 时,强调的是境内工业,即在本国领土范围之内的工业。在全球经济一体化的当代,各国经济更多地融合,很难找出原来意义上的民族工业。联合国统计司 1993 年要求各国在国民收入统计中用 GDP 代替 GNP 正反映了这种趋势。现在各国也都采用了 GDP 这一指标。

"一年内生产的"指在一年中所生产的,而不是所销售的。例如,1999 年共建房屋价值 1000 亿元,其中 600 亿元是在 1999 年售出的，其余 400 亿元是在 2000 年售出的。在计算 GDP 时，这 1000 亿元全计入 1999 年的 GDP 中（没有卖出的部分称为存货，作为投资的一部分），2000 年卖出的 400 亿元，并不再计入 2000 年的 GDP。同样，例如，2000 年拍卖了一幅张大千的画，价值 100 万元，但这 100 万并不是 2000 年的 GDP，只有拍卖服务的价值（比如 5%，5 万元）属于 2000 年的 GDP。

　　"最终产品" 是指最后供人们消费使用的物品，它有别于作为半成品和原料再投入生产的中间产品。GDP 的计算中不包括中间产品，只包括最终产品是为了避免重复计算。例如，如果小麦的价值为 100 亿，面粉为 120 亿，面包为 150 亿。这三种产品中只有面包是最终产品，GDP 中只计算面包的价值 150 亿，如果把小麦的价值 100 亿，面粉的价值 120 亿也计算在 GDP 中，则为 370 亿，其中 220 亿为重复计算。在现实中有时难以区分中间产品与最终产品，所以，可以用**增值法**，即计算各个生产阶段的增值。在以上的例子中，小麦增值为 100 亿，从小麦变为面粉增值为 20 亿（面粉的价值 120 亿减去小麦的价值 100 亿），从面粉变为面包增值为 30 亿（面包的价值 150 亿减去面粉的价值 120 亿），把这些增值加起来与最终产品的价值一样（100 亿＋20 亿＋30 亿＝150 亿）。还要注意的是，最终产品中既包括有形的物品，也包括无形的劳务（例如，旅游、理发等）。

　　"市场价值" 指 GDP 是按价格计算的。在用价格计算 GDP 时，可以用两种价格。如果用当年的价格计算 GDP，则为名义 GDP；如果用基年(统计时把某一年作为基年)的价格计算 GDP,则为实际 GDP。例如,如果用 2000 年的价格计算 2000 年的 GDP,则为 2000 年的名义 GDP,如果用基年(如 1990 年)的价格计算 2000 年的 GDP,则为 2000 年的实际 GDP。

为了用 GDP 反映宏观经济中的各种问题,我们还可以定义各种相关的 GDP。潜在 GDP 是经济中实现了充分就业时所能实现的 GDP,又称充分就业的 GDP,反映一个经济的潜力;实际 GDP 是用基年价格计算的某一年的 GDP;名义 GDP 是用当年价格计算的 GDP;人均 GDP 是指平均每个人的 GDP;潜在 GDP 的增加就是经济增长;潜在 GDP 与实际 GDP 的差别反映了经济周期的情况,如果实际 GDP 大于潜在 GDP,则经济高涨,有通货膨胀的压力;如果实际 GDP 小于潜在 GDP,则经济衰退,有失业的压力。实际 GDP 反映一国的经济实力和市场规模,而人均 GDP 反映一国的富裕程度。正因为如此,我们把 GDP 作为反映一国宏观经济的最基本指标。

在国民收入统计中,主要用两种方法计算 GDP。一种是支出法,即把用于购买各种最终产品的支出相加得出 GDP。一种是收入法,即把用于生产最终产品的各种要素得到的收入相加得出 GDP。这两种方法都有一套计算的规则与方法,这里不详细介绍。因为这两种方法是分别从使用和生产的角度来计算同样的最终产品,所以,得出的结果(即 GDP)在理论上是完全一样的。

在研究宏观经济中,GDP 是一个极为有用而重要的指标。但正如本章前面所引用的罗伯特·肯尼迪的话所说明的,GDP 并不

GDP 能够衡量经济发展水平,却无法告诉我们生活的意义是什么?

是一个完美的指标,也有许多缺点。第一,GDP 的计算中有一些遗漏。GDP 按市场价值计算,但经济中有一些活动并不通过市场。例如,非法的贩毒活动,为偷税而进行的地下经济活动,消费者为自己服务的家务劳动,等等,这些活动也提供物品与劳务,应该是 GDP 的一部分,但由于不通过市场而无法计入 GDP。在不同的国家,这部分未计入 GDP 的活动差别很大,高者达三分之一,低者也有 10% 左右。第二,GDP 计算的是经济活动,但并不是经济福利。因为 GDP 并不等于经济上能给人们带来好处。例如,用于战争的军火生产是 GDP 的一部分,但并不能给人们带来福利;引起污染的生产也带来 GDP,但也许污染给人们带来的福利损失大于产品带来的福利;可以给人们带来福利的闲暇并不能计入 GDP 中;等等。第三,由于各国的汇率与价格差别,以及各国的市场化程度不同,很难把各国的 GDP 进行比较。

尽管 GDP 有这样那样的缺陷,但目前还没有一个更好的指标能代替 GDP,所以,经济学家仍然在用这个指标。我们在运用这个指标时,不要忘记它的缺陷。也许经济学家以后会改进 GDP 指标,或者找到更好的指标,但目前我们仍然只能用 GDP 这个指标。

2　你现在的工资相当于 1978 年的多少

现代经济是货币经济,通货膨胀(或通货紧缩)是一个极为重要的问题,衡量通货膨胀的是物价指数。

物价指数是衡量物价总水平变动情况的指数。物价总水平上升是通货膨胀,物价总水平下降是通货紧缩,因此,物价指数反映了经济中的通货膨胀或通货紧缩。

物价指数是用一篮子固定物品(与劳务)不同年份的价格来表示物价总水平的变动情况。例如,我们所选的一篮子物品是 5 个面包和 10 瓶饮料。在 2000 年,每个面包价格为 1 元,每瓶饮料价格为 2 元,这两种物品的总支出是 25 元(1 元×5+2 元×10)。在 2001 年,每个面包价格为 2 元,每瓶饮料价格仍为 2 元,这两种物品

的总支出是 30 元(2 元×5＋2 元×10)。把 2000 年作为基年,25 元
则为物价指数 100,2001 年的物价指数是 120。从 2000 年到 2001
年,物价指数上升了 20(120－100),所以,通货膨胀率为 20%。我
们只是用一个简单的例子来说明物价指数的计算,在实际计算中,
一篮子固定物品中包括的物品与劳务要多得多,计算也要复杂得
多,但基本原则是相同的。

各国通常用的物价指数主要是**消费物价指数,生产物价指数**和
GDP 平减指数。这三种物价指数的差别在于一篮子物品中所包括
的物品与劳务不同,计算时依据的价格也不同。

消费物价指数用的一篮子固定物品是消费品和劳务(按美国的
定义是城市中等收入家庭所经常消费的物品与劳务,根据经济发展
和人们消费结构的变动,在一定时期内,这一篮子固定物品的品种
也在变动。例如,当收音机被淘汰,而更多的人使用 VCD 唱机时,
统计当局就会在一篮子物品中删除收音机,而加上 VCD 唱机),所
用的价格是市场上的零售价格。

生产物价指数用的一篮子固定物品是生产资料,所用的价格是
批发价格,也称为批发物价指数。

GDP 平减指数的一篮子固定物品包括经济中的所有物品与劳
务,是某一年的名义 GDP 与实际 GDP 之比。其计算公式是:(某一
年名义 GDP/某一年实际 GDP)×100。例如,2000 年名义 GDP 为
5 万亿元,实际 GDP 为 4 万亿元,则 GDP 平减指数为(5 万亿元/4
万亿元)×100＝125,这表明,按 GDP 平减指数,2000 年的物价水

平比基年上升了 25%，即这些年间的通货膨胀率为 25%。

这三个指数都反映了物价水平变动的情况，它们所反映出的物价水平变动的趋势（上升或下降）是相同的。但由于一篮子固定物品中所包括的物品与劳务并不相同，而各种物品与劳务的价格变动又不同，所以，这三个指数计算出的物价指数并不同，由此所得出的通货膨胀率和通货紧缩率也不相同。GDP 平减指数包括所有物品与劳务，最全面而准确地反映了经济中物价水平的变动。但由于消费物价指数与人民的生活费用指数变动关系最密切，为人民最关切，也是根据物价水平变动来调整工资、养老金、失业津贴、贫困补贴等的依据，所以，一般媒体所说的通货膨胀率都是指消费物价指数的变动。

在研究经济问题时，物价指数是十分重要的。只有考虑到物价指数才能正确估算出货币购买力的变动。例如，1932 年美国总统胡佛的工资是每年 7 万美元，现在美国总统小布什的工资是 40 万美元（他的前任克林顿才 20 万美元）。仅仅从货币工资的角度看，小布什的工资是胡佛的近 7 倍，但如果考虑到货币购买力的变动，用物价指数来计算，当年胡佛 7 万美元的工资相当于今天的 100 万美元左右，小布什的工资不及胡佛的一半，这 70 年间，美国总统的实际工资大大下降了。你可以根据我国的物价指数算算你现在的工资相当于 1978 年的多少。

为了纠正通货膨胀所引起的货币购买力下降，保持人民收入水平不变，就要根据消费物价指数来调整各种收入，这种做法称

通货膨胀——为什么收入的增长总也赶不上物价水平的上升呢？

为收入指数化。根据消费物价指数调整收入就意味着把消费物价指数等同于生活费用指数，但这两个指数相同吗？

经济学家指出，实际上消费物价指数与生活费用指数并不相等，消费物价指数往往高估了生活费用指数，这个问题具有现实政策意义。消费物价指数高估生活费用指数的主要原因是：第一，消费者可以用物价水平上升低（甚至下降）的物品来代替物价上升高的物品，从而生活费用的上升低于物价水平的上升。第二，消费物价指数无法反映物品质量的上升，从而把生活质量的提高简单地表示为物价水平上升。例如，汽车的质量提高了，价格也上升了，这种价格上升表示人们所开的汽车更快、更安全，尽管物价水平上升，但并不是生活费用的增加，而是生活水平的提高。据美国经济学家估算，美国的消费物价指数比生活费用指数高估 1%～1.5% 左右。

这样,在根据消费物价指数对养老金等由政府支出的收入指数化时,就使政府支出增加了许多,加剧了财政困难。

许多经济学家正在研究如何更准确地计算消费物价指数问题,但仍没有重大突破。

3 "遗憾指数"与"不受欢迎指数"

失业率是表示一国失业严重程度的一个指标,也是反映宏观经济状况的一个重要指标。

失业率的计算涉及一些划分人口的概念。首先,在全部人口中,一定年龄范围内的人属于工作年龄人口。在美国,16 岁以下人口为未成年人,65 岁以上人口为老年人,工作年龄人口为 16—65 岁的人。第二,在工作年龄人口中有一些人无法参加劳动(如在正规学校全日制学习的人)、一些无劳动能力(如残疾人),还有一些人不愿意参加工作(如自愿在家从事家务劳动的人),剩下的人才是劳动力。劳动力在工作年龄人口中的比例称为劳动力参工率。第三,劳动力中分为就业人口和失业人口。

失业率是失业人口与劳动力之比,所以,失业率=失业人口/(就业人口+失业人口)。

我们可以用一个例子说明这些概念。例如,一个国家共有 2 亿人,16 岁以下未成年人为 1500 万人,65 岁以上人口为 500 万人。

这样,该国的工作年龄人口,即成年人,为 1.8 亿(2 亿－0.15 亿－0.05 亿)。在这 1.8 亿中,全日制学校的学生为 800 万人,无劳动能力者为 100 万人,自愿不参加工作者为 100 万人,则劳动力为 1.7 亿人(1.8 亿－800 万－100 万－100 万)。劳动力参工率为 1.7 亿/1.8 亿＝0.94。劳动力中就业人数为 1.5 亿人,失业人口为 0.2 亿人,则失业率为 0.2 亿/(1.5 亿＋0.2 亿)≈0.12,即 12%。

在用失业率来分析宏观经济状况时要注意几个问题:第一,许多国家的失业率是用抽样统计来计算的,如美国根据对 6 万个左右

1930 年,一群失业的男人聚集在伦敦一家工厂的门外。

家庭的抽样调查来确定失业率,这样就无法准确地反映全面的失业状况。第二,在失业人口中,有大多数人或由于找到新工作,或由于退休而退出劳动力队伍,他们的失业时间短,但有少数人失业时间长。在不同的人群中失业率差别很大,如白人男性失业率最低,而黑人妇女和青年失业率高。失业率是总体状况,无法反映出这些个别的差别,而这些差别对研究失业原因和寻找失业对策还是十分重要的。第三,失业率由于一些原因也会低估实际的失业状况,例如,一部分打短工的并没有计入失业范围之内,而这些人只要有机会还是要寻找全职工作的。还有一些人在就业困难时也会退出劳动力队伍,但当形势变好时,又会回到劳动力队伍中寻找就业,在他们退出劳动力队伍时,也不计入失业之内。

国内生产总值、物价水平和失业率是三个最重要的宏观经济指标,我们可以用这些指标再计算出其他反映宏观经济状况的指数。

把通货膨胀率与失业率加在一起所计算出的指数称为**遗憾指数**(或痛苦指数)。例如,通货膨胀率为 5%,失业率为 5%,则遗憾指数为 10%。这个指数说明人们对宏观经济状况的感觉,这个指数越大人们会感到越遗憾或越痛苦。

人们是根据对宏观经济的感觉来确定对政府的态度的。在失业与通货膨胀中人们往往更重视失业状况。根据美国耶鲁大学的学者调查,人们对失业的重视程度是通货膨胀的 6 倍,因此,表示人们对政府欢迎(或不欢迎)程度的**不受欢迎指数**是 6×失业率+通货膨胀率。在上面的例子中,不受欢迎指数为 6×5%+5%=35%。这

1931 年，一群失业的男人在芝加哥一个餐馆的厨房外排队领取免费汤。

一指数越高，政府越不受欢迎，本届政府连选连任的机会也越少。

　　如果把失业率×2＋通货膨胀率，这一指数称为名义国内生产总值指数。在上例中，名义国内生产总值指数就是 $2×5\%＋5\%＝15\%$。这个指数反映整体经济运行状况，也可以用于指导宏观经济政策，例如，在这一指数为一定时，政府不用采取任何政策。

　　以上说明，尽管反映宏观经济状况的指数不少（如股价、利率、汇率等），但这三个指标是最重要的。

长期中的宏观经济：
经济增长与物价

　　一个国家的经济增长，可以定义为给居民提供种类日益繁多的经济产品的能力长期上升，这种不断增加的能力是建立在先进技术以及所需要的制度和思想意识之相应的调整的基础上的。

——西蒙·库兹涅茨

西蒙·库兹涅茨(Simon S. Kuznets,1901—1985),美国经济学家,1971 年诺贝尔经济学奖获得者。他建立了现代国民收入核算体系,被称为"GNP 之父"。他根据统计资料对经济增长的研究为现代经济增长理论奠定了基础。我们所引用的是他给经济增长所下的定义,这个定义至今仍被视为经典性定义。

在研究宏观经济时,也要区分长期与短期。长期指价格有完全伸缩性,从而市场调节可以实现均衡的时期。这就是说,只要时间足够长,市场机制是充分有效的。短期指价格有粘性(即价格变动慢于供求变动),从而无法自发调节使经济恢复均衡的时期。这就是说,当时间短时,市场机制的调节作用是不够的。长期经济是短期的基础,而且,经济学家对长期经济的看法基本是一致的,因此,在分析宏观经济时,我们从分析长期中的经济开始。长期中的宏观经济问题包括经济增长和物价水平的货币决定。

1 "增长的路径依赖"

在长期中,**经济增长**是一个关键问题。一个经济只有保持持续增长,才能提高生活水平。

经济增长研究经济增长的长期趋势,用实际国内生产总值的增

长率(即经济增长率)来衡量。经济增长作为一种长期趋势取决于
一个经济的总供给能力,这种总供给能力从根本上说取决于一个经
济的**制度**、**资源**和**技术**,这些就是决定经济增长的因素。制度是经
济增长的前提,资源和技术是经济增长的源泉。

美国经济学家道格拉思·诺斯强调"增长的路径依赖",即一个
国家只有选择了一条正确的道路,有一套制度的保证才能走上增长
之路。这条正确的道路就是市场经济。但要保证市场经济的正常
运行,还需要有一套与之相适应的制度,这种制度包括产权制度、合
约制度、货币制度等等。没有保证私人财产的产权制度,没有保证
交易顺利进行的合约制度和货币制度,市场经济是不可能的。当
然,这里所说的制度包括的内容还相当广泛。例如,专利制度、现代
企业制度、收入分配制度等等。市场经济是一个复杂的系统体系,
由各种制度来保证。制度的不完善是经济增长缓慢的一个原因。
我国 20 多年的经济迅速增长正来自于以制度变革为中心的改革,
今天现实中存在的各种问题也源于制度的不完善性。

资源包括自然资源、劳动和资本。自然资源包括地理位置、土
地状况、矿藏、水源、气候等等。这些因素对经济增长有重要影响。
经济最早在寒带地区和沿海地区得到发展,今天许多发达国家自然
资源条件优越,证明了自然资源的重要性。但自然资源决不是决定
性的因素,自然条件好的国家经济落后,自然条件差的国家经济发
达,自然条件相同的国家经济发展差别很大,说明了这一点。在研
究经济增长时,我们把自然资源作为既定的,重点分析劳动与资本

这两种资源。

劳动包括劳动力的数量与质量。劳动创造财富，经济增长来自劳动力数量增加和质量提高。劳动力数量增加来源于人口自然增长、劳动力参工率提高（尤其是妇女劳动力参工率提高）、移民和劳动时间增长。在经济发展初期，人口增长迅速，经济中的劳动的作用主要表现为劳动力数量增加。在经济发展到一定阶段之后，劳动力质量就重要了。劳动质量包括劳动者的身体与文化素质。劳动力质量的提高主要来自于人力资本投资。人力资本投资则与资本相关。

资本分为物质资本和人力资本。物质资本又称有形资本，指厂房、设备、存货、基础设施等资本存量。人力资本又称无形资本，指体现在劳动者身上的资本存量，如通过正规教育、在职培训和实践中所得到的知识、技能和经验，通过提高营养水平而改善的健康状况，这些形成人力资本的支出称为人力资本投资。经济增长中的一般规律是资本的增加要大于人口增加，即人均资本增加。只有人均资本增加，才有人均产量的提高，即劳动生产率的提高，生产率的提高是经济增长的关键。在经济开始增长时，资本的增加是至关重要的，所以，许多经济学家把资本积累占国民收入的10%—15%作为经济起飞的先决条件。资本的增加来自国内储蓄和国外资本的进入。

当代经济学家强调，经济增长的关键因素是**技术进步**。技术进步提高了生产率，即用同样的劳动与资本投入可以提供更多的产品与劳务。技术进步包括知识的进步与运用、规模经济的实现，以及资源配置的改善。经济学家发现,各国增长过程中表现出人口高增长率和产量高增长率,但产量增长率高于人口增长率,要素生产率迅速提高,这就体现了技术进步的重要性。此外,根据传统经济理论,随着资本量增加,资本的边际生产率是递减的,这就表现为利润率下降的趋势。但根据对统计资料的研究,并不存在这种趋势,其原因则是在技术进步的条件下,资本的增加不是同样资本设备的数量增加,而是更先进的资本设备替代了陈旧的设备,是更多的人力

美国福特公司早期的汽车装配流水线。流水线的设立几乎使福特汽车的装配速度提高了 8 倍。最终使每工作日每隔 10 秒钟就有一台 T 型车驶下生产线。工业流水线对于企业而言不仅仅是减少生产成本的一种方式,更是企业生产方式的一种渐进式变革。

资本提高了劳动者的素质,这时就不会出现资本边际效率递减和利润率下降了。从历史的经验来看,经济增长中有一半以上要归功于技术进步,生产率的提高80%来自技术进步。

在经济发展的初期阶段,资本和劳动的数量增加十分重要,但随着经济发展,技术进步的作用越来越重要,并成为增长的首要源泉。如果把劳动与资本增加引起的增长称为投入型增长,把技术进步引起的增长称为技术型增长,那么,在经济发展过程中一定要由投入型增长转变为技术型增长。能否实现这种转变是经济能否持续增长的关键。

1994年在东南亚国家增长最快的时期,美国经济学家克鲁格曼指出,这些国家的高速增长是"纸老虎",原因就在于没有实现由投入型增长向技术型增长的转变。这些国家依靠投入型增长是无法持续的,据此他预言了东南亚经济危机的发生。这种观点当时受到许多人反对,但从现在来看,他的话真是不幸而言中了。

2 增长模型百花争艳

经济增长一直是经济学家所关注的问题。18世纪英国古典经济学家亚当·斯密在其《国富论》中探讨国民财富是什么,以及如何增加国民财富实际上就是研究经济增长问题。在历史上许多经济学家都对经济增长提出了至今仍有影响的思想,但现代经济增长理论是在二战以后发展并形成的。

20世纪40年代美国经济学家库兹涅茨研究了各国经济增长的统计资料,归纳出了经济增长的数量特征是人口的高增长率和产量的高增长率,以及生产率的高增长率;结构特征是经济结构的转变(从第一产业转向第二产业,然后又转向第三产业);国际特征是经济增长在各国迅速扩散,以及各国增长的不平衡性,并把经济增长原因归结为技术进步、制度变化和意识形态变化。美国经济学家罗斯托强调了资本积累在经济增长中的重要作用。这些研究成为现代增长理论的开端。

以后的经济学家着重分析各种因素与经济增长之间的关系,建立了各种经济增长模型。最早的增长模型是由英国经济学家哈罗德和美国经济学家多马分别建立的,因为他们这两个模型的基本思路相同,所以,一般称为**"哈罗德—多马增长模型"**。这个模型的中心是分析资本积累与经济增长的关系,其基本公式是:经济增长率(G)=储蓄率(S)/资本(K)—产出比率(C)。资本—产出比率是生产一单位产出所需的资本量,它由生产的技术状况决定。在技术不变的情况下,这一比率是不变的。哈罗德—多马增长模型假使技术不变,这样,经济增长率就取决于储蓄率。例如,假设资本—产出比率为3,当储蓄率为12%时,增长率就是4%。储蓄是资本积累的唯一来源,所以,这一模型把资本积累率作为决定经济增长的唯一因素。这个模型还说明了,当实际储蓄率与合意的储蓄率一致时,经济可以实现长期稳定的增长。这种强调储蓄与资本积累和增长之间重要联系的思想反映了当时普遍的看法。

20 世纪 50 年代后期美国经济学家索洛等人提出了**新古典增长模型**。这一模型强调了经济增长取决于三个因素：劳动增长率、资本增长率和技术进步率。在生产中，劳动与资本的比例是可以变动的。在经济增长中，劳动与资本的比率也可以通过市场机制来调节。这就是说，如果劳动的相对价格低于资本的价格，就可以使用多用劳动少用资本的劳动密集型方法来实现增长；如果资本的相对价格低于劳动的价格，就可以使用多用资本少用劳动的资本密集型方法来实现增长。市场调节，即劳动与资本价格的变动，可以通过调节劳动与资本的比率来实现经济的稳定增长。在哈罗德—多马增长模型中，稳定的增长取决于合意的储蓄率与实际储蓄率的相等，在现实中这个条件是难以实现的，因此，哈罗德—多马增长模型指出的稳定增长之路有相当大局限性，被称为"增长的刃锋"。

新古典增长模型认为可以通过市场机制调节资本与劳动的比率来实现稳定增长，这就现实多了。因为这个模型强调了稳定增长中市场机制的作用，与新古典经济学强调市场机制作用的观点相同，所以称为新古典增长模型。新古典增长模型的另一个特点是强调了技术进步在经济增长中的作用。索洛研究实际资料时发现，在经济增长中扣除了劳动增长与资本增长的贡献之后还有一个"余量"。例如，经济增长率为 3%，劳动增加引起的增长为 0.8%，资本增加引起的增长为 0.7%，剩下的 1.5% 来自于什么呢？索洛把这种"余量"的来源归因于技术进步。尽管从现在来看索洛对技术进步的作用分析尚不全面、深入,尤其是他把技术进步作为增长模型的一个外生变量,而不是内生变量,但他对技术进步的关注是一个重大贡献。

20 世纪 60 年代美国经济学家丹尼森、肯德里克等人进一步对经济增长中的技术进步进行了定量分析。他们用经济计量学方法计算出了知识进步、规模经济、经济从低生产率部门向高生产率部门转移这些构成技术进步的因素以及整体技术进步在经济增长中的作用大小,这样对技术进步在经济中的作用有了更进一步的认识。

20 世纪 70 年代经济增长研究的热点是增长给社会带来的副作用,罗马俱乐部发表的《增长的极限》中提出的**世界末日模型**是这种思想的代表。这个模型认为,由于人口增长而食物的生产要受到资源的限制,加之水、矿藏这类不可再生性自然资源的消耗,以及环境污染严重,如果人类这样增长下去必然在 2010 年崩溃。这个模型引起了全世界广泛的争论,支持者提出了限制增长,实现零增长的目标,以维持全球的生存与平衡,反对者把这个模型称为"用计算机的马尔萨斯"悲观论(这个模型的结论是根据计算机计算的结果得出的)。当然,从今天来看,世界末日模型并不正确,人类社会在增长中解决了各种问题。但这个模型也引起人们对资源利用和环境污染等问题的重视,以后的可持续发展的思想是这个模型的发展与运用。

环境污染——由经济增长所带来的负面影响——已成为威胁人类生存和发展的世界性难题

　　自 20 世纪 60 年代之后,除了世界末日模型曾风靡一时外,增长理论基本处于停滞阶段。在 20 世纪 80 年代产生了"**新增长理论**"之后,经济增长理论才又一次受到关注。早在 20 世纪 60 年代,当时的美国青年经济学家罗默等人就提出了把技术进步这个因素作为增长模型内生变量的想法,以便改进索洛的新古典经济增长模型——在这个模型中,技术进步是经济增长的外生变量。到 20 世纪 80 年代,罗默等人建立了把技术进步作为经济增长内生变量的新经济增长理论。这种理论重点分析劳动、资本与技术进步之间的关系。这一理论中有影响的是罗默模型、卢卡斯模型和斯科特模型等。这些模型说明了技术进步体现在资本上是运用了更为先进的设备,这些设备包含着更为先进的技术;技术进步体现在劳动力身上是文化技术水平的提高。资本增加不是原有设备的简单增加,而是采用了新技术的设备代替了落后的设备。劳动增加也不是劳动力数量增加,而是劳动力素质的提高。资本增加和劳动增加是技术进步的结果,技术进步是经济增长的中心。这种理论反映了当代经济增长的基本特征,也指出了经济增长的必由之路是推动技术进步,尤其是重大的技术创新。

经济增长理论得出的结论对实现长期宏观经济的增长是极有意义的。

3 "关闭货币水龙头"

货币在经济中具有重要作用。但它在短期与长期中对经济的影响并不同,在长期中货币决定物价水平,这就是经济学中的货币数量论。

货币数量论是一种历史悠久的货币理论。这种理论最早由 16 世纪法国经济学家波丹提出,现在继承这一传统的是美国经济学家弗里德曼的现代货币数量论。这一理论的基本思想是:货币的价值(即货币的购买力)和物价水平都由货币数量决定。货币的价值与货币数量成反比例变动,物价水平与货币数量同方向变动。这就是说,货币数量越多,货币的价值越低,而物价水平越高;反之,货币数量越少,货币的价值越高,而物价水平越低。

货币数量论的基本思想可以用数量方程式来表示:总交易量(T)×物价水平(P)=货币数量(M)×货币流通速度(V)。在这个方程式中,总交易量就是实际 GDP,在充分就业时是既定的,货币流通速度是一单位货币在一年内完成的交易次数,由交易制度等因素决定,可以假定为不变的。这样,物价水平(P)就与货币量(M)同比例变动。

货币数量论说明了两个重要问题。第一,决定物价水平的唯一因素是流通中的货币数量。第二,决定通货膨胀率的是货币数量增长率。

根据货币数量论,货币对经济中的实际变量(国内生产总值、就业量等)并没有影响,而仅仅影响名义变量(物价水平、名义利率等),这就是货币中性论。古典经济学家都信奉货币中性论。这样,他们就把经济学分为研究实际变量的经济理论和研究名义变量的货币理论,这种方法被称为"古典二分法"。

英国经济学家凯恩斯打破了这种"古典二分法",通过利率把实际变量与名义变量,实物经济与货币联系起来,从而得出了货币数量既影响实际变量,又影响名义变量的结论。这是经济学中的一个重大突破。

那么,货币数量论完全错了吗? 现代经济学家认为,在长期中货币数量论仍然是正确的,但在短期中凯恩斯的理论是正确的。这就是说,在短期中,货币数量的变动既影响实际变量,又影响名义变量,但在长期中,货币数量的变动只影响名义变量。换言之,在长期

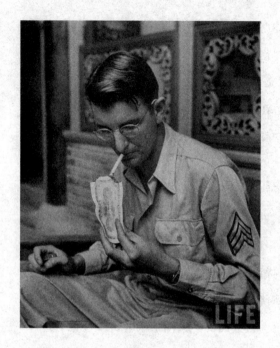

1945 年 8 月的重庆，通货膨胀严重，货币大大贬值，一名美国大兵将小额中国货币当做引子点烟。

中货币数量决定物价水平，通货膨胀的唯一原因是货币数量的增加。

经济学家对货币数量论在长期中的正确性进行了检验。他们根据各国长期中通货膨胀率和货币数量增长率之间的统计数字发现，这两者之间虽然不一定完全是同比例变动，但一定是同方向变动，而且相关性极高。从资料上看，总是货币数量变动在先，而通货膨胀变动在后，这表明货币量增加是原因，通货膨胀加快是结果。此外，对超速通货膨胀（每月通货膨胀率在 50％以上）的研究表明，这种极为严重的通货膨胀无论在哪一个国家、在哪一个历史时期,毫无例外地都是由于货币量的迅速增加所引起的。货币量如此迅速增加的原因往往又是政府用发行货币来弥补巨额财政支出引起的财政赤字。正是在这种意义上,美国经济学家弗里德曼指出,通货膨胀无论在何时何地总是一种货币现象,因此,弗里德曼认为抑制通货膨胀的唯一方法是"关闭货币水龙头"。

对长期中物价水平和通货膨胀与货币数量之间关系的研究表明,治理通货膨胀的有效方法是控制货币量。在 20 世纪 70 年代,英国和美国都发生了高达 10% 以上的通货膨胀,正因为货币当局采取了严格的控制货币量的政策,才在 20 世纪 80 年代初迅速有效地实现了物价稳定。同样,发生超速通货膨胀的国家也是用严格控制财政支出和货币数量的方法而制止了这种通货膨胀,这正是货币数量论的政策含义。

长期中的宏观经济是重要的,但正如凯恩斯所说的,在长期中我们都要死,因此,宏观经济研究的重点是在短期经济状况上。这就是我们以后几章的主要内容。

总需求—总供给模型

亲爱的布鲁斯特：

错处不在于我们的生辰八字——而在于我们自己。

——威廉·莎士比亚

　　威廉·莎士比亚(William Shakespeare,1564—1616),英国最伟大的剧作家。莎氏作为剧作家无人不知,他的剧中人的许多话常被经济学家引用。马克思在《资本论》中曾引用《雅典的泰门》中泰门一段关于黄金的独白论述货币问题。我们引用的这段话出自《尤利乌斯·凯撒》一剧,以说明经济周期之类问题的产生源于我们自己。

在短期中,经济有时高涨,有时衰退,有时有通货膨胀,有时有失业。经济中产生这些问题的原因也不在于"生辰八字",而在于"我们自己"。这就是说,要从经济体系内来寻找产生这些问题的原因和对策。研究短期中宏观经济时正是要对经济周期、失业和通货膨胀做出解释。

如前所述,决定宏观经济状况的主要是国内生产总值和物价水平。要分析宏观经济中的各种问题,说明整体经济运行的规律,就要说明国内生产总值和物价水平的决定。经济学家用总需求—总供给模型来说明国内生产总值和物价水平的决定,因此,这一模型就是分析短期宏观经济状况与问题的基本工具。我们对短期中宏观经济的分析也从介绍这一模型开始。

1 物价水平与总需求量

总需求是在每种物价水平时，经济中对物品与劳务的总需求量。总需求受许多因素的影响，在这里，我们重点分析总需求与物价水平之间的关系。**总需求曲线**就是表示物价水平与总需求量之间关系的一条曲线。

如果我们假设其他因素不变，总需求曲线就是表示物价水平与总需求量之间是一种反方向变动的关系。这就是说，当物价水平上升时，总需求量减少；当物价水平下降时，总需求量增加。研究总需求曲线，首先要说明物价水平与总需求量之间存在这种关系的原因。

经济中的总需求包括家庭消费的需求（消费）、企业的投资需求（投资）、政府的需求（政府购买），以及国外的需求（出口，一般用净出口，即出口减去进口来表示）。政府的需求是由政府的政策决定的，与物价水平无关。消费、投资和净出口都与物价水平相关。

经济学家用财产效应来解释消费与物价水平之间的关系。**财产效应**是由英国经济学家庇古提出的，又称庇古财产效应，它说明物价水平如何通过对财产的影响来影响消费。人们持有的财产可以分为名义财产与实际财产。名义财产是用货币数量表示的财产，实际财产是用货币的购买力表示的财产。这两种财产与物价水平相关,用一个公式来表示就是:实际财产＝名义财产/物价水平。例如,如果名义财产为 150 亿,当物价水平为 100 时,实际财产也为 150 亿。如果物价水平为 150,则实际财产仅为 100 亿。这表明,在名义财产既定时,物价水平越低,实际财产越多;物价水平越高,实际财产越少。实际财产决定人们的消费支出,实际财产越多,人们的消费支出越多;实际财产越少,人们的消费支出越少。这样,财产效应就是,在名义财产既定时,物价水平下降,实际财产增加,消费者信心提高,消费增加。物价水平与消费支出反方向变动。

　　投资支出与物价水平之间的关系可以用**利率效应**来解释。利率效应是凯恩斯提出的,又称凯恩斯利率效应,它说明物价水平如何通过对利率的影响来影响投资。货币分为名义货币与实际货币,名义货币用货币单位表示;实际货币用货币的购买力表示,这两种货币与物价水平相关,用一个公式来表示就是:实际货币＝名义货币/物价水平。例如:如果名义货币为 150 亿元,当物价水平为 100 时,实际货币也是 150 亿。如果物价水平为 150,则实际货币仅为 100 亿元。这表示,在名义货币既定时,物价水平越低,实际货币越多;物价水平越高,实际货币越少。经济中的利率是由货币需求和货币供给决定的,当货币需求等于货币供给时,就决定了市场均衡利率。货币需求和货币供给的变动都会影响利率。当货币需求不变时,货币供给增加,利率下降;货币供给减少,利率上升。利率影响投资。这是因为投资的目的是为了实现纯利润最大化,纯利润是总利润减去成本,投资的成本是利息。在总利润为既定时,利率上升,利息增加,纯利润减少,投资减少;利率下降,利息减少,纯利润增加,投资增加。这样,利率效应就是,在名义货币既定时,物价水平下降,实际货币增加,即货币供给增加,利率下降,投资增加。物价水平与投资之间反方向变动。

可以用**汇率效应**解释净出口与物价水平之间的关系。汇率效应是美国经济学家弗莱明和芒德尔提出的,又称弗莱明-芒德尔汇率效应。它说明物价水平如何通过对汇率的影响来影响进出口。利率变动不仅影响投资,在开放经济中它还会影响汇率。在外汇市场上,汇率由外汇市场上本国货币的供求决定,外汇市场供求均衡时决定了均衡汇率。当利率下降时,资本流出,外汇市场上对本国货币的需求减少,本国货币贬值,这就是汇率下降;反之,当利率上升时,资本流入,外汇市场上对本国货币的需求增加,本国货币升值,汇率上升。汇率的变动影响进出口。当汇率下降时,出口增加,进口减少;汇率上升时,出口减少,进口增加。这样,汇率效应就是:在名义货币既定时,物价水平下降,实际货币增加,即货币供给增加,利率下降,汇率下降,出口增加,进口减少,净出口增加。物价水平与净出口之间反方向变动。

这样,物价水平下降,消费增加,投资增加,净出口增加,从而总需求量增加。物价水平与总需求量是反方向变动关系。

2 粘性价格、粘性工资和错觉理论

总供给是在每种物价水平时,经济中物品与劳务的总供给量。总供给受许多因素的影响,在这里,我们重点分析总供给与物价水平之间的关系。但与总需求曲线不同的是,我们要区分长期总供给曲线和短期总供给曲线,这两种曲线所表示的总供给与物价水平的关系不同。因为正如上一章所说明的,在长期与短期中,货币因素对实际变量(这里就是总供给量)的影响不同。

长期总供给曲线是一条垂线,表示在长期中,物价水平与总供给无关。这是因为总供给是一个经济的总产量,在长期中决定一个经济总产量的是制度、资源和技术,这些因素都与货币量的大小、物价水平的高低无关。物价水平的变动并不影响总供给,在制度为既定时,资源和技术决定总供给曲线的位置,这时的总供给就是潜在GDP。当资源增加或技术进步时,潜在 GDP,即总供给增加,总供给曲线向右移动。如果自然灾害和战争引起资源减少,潜在 GDP,即总供给也会减少,总供给曲线向左移动。

短期总供给不同于长期总供给。因为货币在短期中影响实际变量,从而物价水平的变动也会影响总供给。短期总供给曲线表示在短期中,物价水平与总供给量同方向变动,即物价水平上升,短期总供给上升,物价水平下降,短期总供给减少。经济学家用**粘性工**

资、粘性价格和错觉理论来解释短期中物价水平与总供给的这种关系。

粘性工资是由凯恩斯主义者提出的，指工资的变动慢于劳动供求的变动。引起粘性工资的原因很多，其中一个较为重要的是工资合约理论，这种理论认为，由于劳动的供求双方都有一定的垄断势力，工资是由工人和企业之间的劳动协议决定的。工人和企业签订的工资合约决定了工人的名义工资水平（例如，每小时 10 元），而且，双方都同意在合约期内，工资水平是固定的，不随市场劳动供求关系的变动而变动。工人和企业都同意接受这种在一定时期内固定名义工资的做法是因为这样做对双方都有利。工人希望自己的工资和收入水平稳定，不希望在劳动供大于求时工资水平下降，为此他们就不得不放弃在劳动供小于求时提高工资的机会。企业希望自己的生产成本稳定，而工资是成本的主要部分。如果劳动市场供小于求时，工资上升，就会增加生产成本，为此他们就不得不放弃在劳动供大于求时降低工资的机会。这样，合约中规定的工资在合约期内并不随劳动供求变动而变动，只有在合约期满签定新合约时，新合约中的工资水平才会反映当时劳动市场供求的状况。但在新合约期中，工资水平又不随劳动供求而变动，这就形成工资变动慢于劳动供求变动的工资粘性。

我们分析工资时，不仅关注用货币量表示的名义工资，而且还应该关注用货币实际购买力表示的实际工资，实际工资＝名义工资/物价水平。当存在工资粘性，名义工资不变时，如果物价水平上升,实际工资就减少了。物价水平上升,企业出卖产品和劳务所得到的收入增加了。但在增加的收入中,工资支出并没有增加,这样,实际工资减少就相当于实际利润增加。实际利润增加刺激了企业增加生产。如果每个企业都增加生产,整个经济的总供给就增加了。物价水平与总供给同方向变动。

粘性价格是新凯恩斯主义者提出来的,指价格的变动慢于物品市场供求和物价水平的变动。引起粘性价格的原因很多,其中有代表性的是**菜单成本理论**。菜单成本指餐馆在更改饭菜的价格时,印刷新菜单所需的费用。菜单成本理论说明了,与餐馆一样,所有企业在改变自己的价格时都要付出费用,都有类似于菜单成本的成本。因此,企业并不随物品市场供求关系和物价水平的变动而随时调整自己的价格,一般企业通常是在1—2年间调整一次自己的产品价格。这样,价格的变动就慢于物品市场供求关系和物价水平的变动,形成粘性价格。当物价水平上升时,企业并不及时调整自己产品的价格,因此,相对价格下降,产品的销售增加,企业增加生产。如果每个企业都增加生产,整个经济的总供给就增加了。物价水平与总供给同方向变动。

错觉理论是理性预期学派提出的。错觉是指人们在观察物价水平变动时所发生的错误感觉。这就是说,在整个物价水平上升时,一个企业的产品价格也上升。实际上,企业产品的价格与物价水平同比例变动,相对价格水平并未变。但企业在观察物价水平变动时往往会发生一种错觉,对整个物价水平的上升不敏感,而对自己产品价格的上升极为敏感,误以为自己物品的价格上升了,这种错觉就使企业增加生产。如果每个企业都产生这样的错觉,并增加自己的生产,整个经济的总供给就增加了。物价水平与总供给同方向变动。

粘性工资、粘性价格和错觉都是短期中会出现的现象,这就解释了物价水平与总供给在短期中同方向变动的原因。在长期中,工资由劳动供求决定,不存在粘性;物价由物品市场的供求关系决定,各个企业都会调整自己产品的价格,也不存在粘性;企业也不会发生错觉,各个企业产品的价格与物价水平是一致的;因此,长期中,物价水平的变动并不影响总供给。

还应该指出的是,在短期中,总供给的增加是有限的,并不能随物价水平的上升而无限地增加。这是因为,一个经济的资源是有限的。在经济高涨时期,经济会出现超充分就业,即实际 GDP 大于潜在 GDP,这是资源的超充分利用引起的(劳动力加班工作,设备的过分利用),但这种超充分利用也有一个极限(起码人的每天工作时间不会达到 24 小时)。当经济达到这个极限时,无论物价水平如何上升,总供给都不会增加了。

3   宏观经济的理想状态

总需求—总供给模型就是从总需求和总供给这两个方面来说

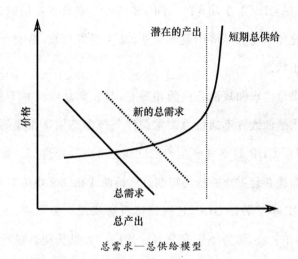

总需求—总供给模型

明国内生产总值(GDP)和物价水平的决定。

　　当总需求和短期总供给相等,即总需求曲线和总供给曲线相交于一点时,就决定了经济中均衡的 GDP 和物价水平。这里要注意的是,均衡的 GDP 并不一定等于潜在的 GDP,即经济均衡时,并不一定实现了充分就业。均衡的 GDP 与潜在 GDP 之间的关系要由长期总供给决定。

　　当经济处于均衡(总需求＝短期总供给)时,均衡的 GDP 与潜在的 GDP 可能会出现三种情况,这三种情况中会出现哪一种情况则取决于均衡的 GDP 与潜在 GDP 之间的关系。

　　如果总需求和短期总供给相等时,正好也与长期总供给相等(即总需求曲线、短期总供给曲线和长期总供给曲线相交于一点),

这时,潜在 GDP 等于均衡的 GDP,经济处于充分就业均衡,即正好实现了充分就业。经济中既无失业,又无通货膨胀,是宏观经济的一种理想状态。

如果总需求和短期总供给相等时,与长期总供给并不相等(即长期总供给曲线并不通过总需求曲线与短期总供给曲线的交点)。这时,潜在 GDP 并不等于均衡 GDP,会出现两种情况。如果长期总供给曲线在总需求曲线与短期总供给曲线相交之点的右边,即均衡的 GDP 小于潜在 GDP,这时经济没有实现充分就业,处于衰退状态,存在失业,称为小于充分就业均衡。如果长期总供给曲线在总需求曲线与短期总供给曲线相交之点的左边,即均衡的 GDP 大于潜在 GDP,这时经济大于充分就业,处于高涨状态,存在通货膨胀,称为大于充分就业均衡。在这两种状态时,宏观经济状况都不能令人满意。宏观经济学正是要用总需求—总供给模型分析经济为什么处于小于或大于充分就业均衡,以及如何才能使经济实现充分就业均衡这种理想状况。

总需求—总供给模型说明了短期经济中的 GDP 和物价水平是由总需求和短期总供给决定,因此,总需求和短期总供给任何一方的变动或两方的变动都会影响 GDP 和物价水平。如果短期总供给不变而总需求变动,则会引起 GDP 和物价水平同方向变动。这就是说,总需求增加(例如政府购买增加),总需求曲线向右方移动,GDP 增加,物价水平上升;反之,总需求减少(例如政府购买减少),

总需求曲线向左方移动,GDP 减少,物价水平下降。如果总需求不变而短期总供给变动,则 GDP 同方向变动而物价水平反方向变动。总供给主要受生产成本影响。生产成本增加,在同样价格时总供给减少,用短期总供给曲线向上移动来表示;生产成本减少,在同样价格时总供给增加,用短期总供给曲线向下移动来表示。当总供给减少(例如由于工资增加)时,GDP 减少,物价水平上升;当总供给增加(例如由于原材料降价)时,GDP 增加,物价水平下降。如果总需求与短期总供给同时变动,则 GDP 和物价水平的变动是以上两种变动综合的结果。

经济学家提出总需求—总供给模型的目的是为了分析宏观经济状况的决定与变动,它仅仅是一种分析工具。经济中各种因素的变动,不是影响总需求,就是影响总供给,或者两者都影响。这样,我们就可以通过各种因素对总需求和总供给的影响来说明它们对 GDP 和物价水平的影响。当我们以前介绍这个模型时,读者也许会感到有点抽象,但我们可以用两个现实例子来说明如何运用总需求—总供给模型来分析宏观经济问题。

例一,人民币不贬值对我国宏观经济的影响。在 1997 年发生的东南亚金融危机中,我国坚持人民币不贬值,这样做有利于我国的金融稳定,坚定国内外投资者的信心,但也有一些副作用。为了说明人民币不贬值对我国宏观经济,即 GDP 和物价水平的影响,我们可以运用总需求—总供给模型。首先我们确定,人民币不贬值主要影响总需求,因为它影响出口。其次我们分析人民币不贬值对出口有什么影响。我国的出口结构与出口对象与东南亚国家相同(都以服装等轻工产品为主向欧美出口),当东南亚国家汇率贬值,而我国汇率不贬值时,相对于东南亚国家而言,我国的货币就升值了。这样,同样的物品在国外市场(例如美国市场上)上,用外币(如美元)表示的我国物品的相对价格上升,而东南亚国家物品的相对价格下降,我国的物品竞争能力削弱,出口减少。出口减少引起总需求减少,总需求减少引起 GDP 减少,物价水平下降,这就是以后在我国出现的经济增长率放慢和物价总水平下降。可见我们用总需求—总供给模型所进行的分析与现实是一致的。

例二,20 世纪 70 年代美国的石油危机与滞胀。20 世纪 70 年代初石油输出国组织大幅度提高石油价格。石油是美国重要的原料,石油价格上升引起生产成本增加,从而影响总供给,从以前的分析可知,生产成本增加引起短期总供给减少,即总供给曲线向上移动。在总需求未发生变动时,总供给减少,引起 GDP 减少,物价水平上升。GDP 减少就是衰退,物价水平上升就是通货膨胀。这就是美国 20 世纪 70 年代出现的经济停滞与通货膨胀并存的滞胀现象。这种现象也可以用总需求—总供给模型来解释。

总需求—总供给模型是经济学家用来分析宏观经济的基本工具,所以,也是宏观经济学的中心。整个宏观经济学实际上都是围绕这一模型展开的。尽管不同流派的经济学家对同样宏观经济现

1970 年代，由第四次中东战争触发的石油危机对发达国家的经济造成了严重的冲击。在这场危机中，美国的工业生产下降了 14％，日本的工业生产下降了 20％以上，所有的工业化国家的经济增长都明显放慢。

'YOU MAY FORCE US TO DO SOMETHING ABOUT THIS!'

象的见解和解释不同，但都运用这一模型说明自己的观点。掌握了这个模型，对我们了解整个宏观经济学都是至关重要的。

总需求与宏观经济

　　由于被某些人称之为储蓄的这种侈谈节约的行为是私人增加财富的最肯定的方法，所以有些人就设想，不论一国生产能力是小还是大，如果普遍使用（这些人认为是现实可行的）相同方法，那么，整个国家会得到相同的结果。例如，如果英国人像其邻国的人那样节约，那么，他们就可以比现在远为富有。我认为，这一点是错误的。

——伯纳德·曼德维尔

　　伯纳德·曼德维尔(Bernard de Mandeville, 1670—1733), 本来是荷兰一个不出名的医生, 后来定居英国而成名。他被经济学家所重视是因为在 1714 年出版的《蜜蜂的寓言》。这本书的副标题为"私人的罪过, 公众的利益", 意思是, 浪费是"私人的罪过", 但可以刺激经济, 成为"公众的利益"。这种思想启发凯恩斯建立了以总需求分析为中心的宏观经济学。我们所引用的正是《蜜蜂的寓言》中的一段话, 这段话也被凯恩斯在《通论》中所引用。

　　18世纪初，一个名叫伯纳德·曼德维尔的英国医生写了一首题为"蜜蜂的寓言"的讽喻诗，认为节约无助于整个经济发展，奢侈地消费才是致富之道。这部作品在当时被法庭判为"有碍公众视听的败类作品"，但200多年后，英国经济学家凯恩斯从中受到启发，建立了以总需求分析为中心的现代宏观经济学。

　　在凯恩斯之前，经济学家信奉的是"供给创造需求"的**萨伊定理**。这就是说，无论长期还是短期中，决定经济状况的是总供给，只要有供给就有需求，通过价格调节，供求总处于平衡状态，经济中能保持充分就业。但30年代大危机的严酷现实打破了这一神话，凯恩斯否定了萨伊定理，用总需求来解释短期经济问题。经济学中发生了以需求分析为中心的凯恩斯革命，所以，分析短期宏观经济问题的中心是总需求分析。

　　总需求包括消费、投资、政府购买和净出口（出口减进口）。政府购买由政府政策决定，我们将在分析财政政策时说明；净出口在

曼德维尔
《蜜蜂的寓言》
扉页

开放经济中决定,我们将在国际经济学这一部分说明。这里重点分
析消费与投资及其对经济的影响。

1　生命周期假说和持久收入假说

消费是总需求中最重要的部分,在发达国家约占总需求中的三
分之二左右。消费包括家庭的非耐用品(衣服、食物等)、耐用品(彩
电、汽车等)和劳务(旅游、理发等)的消费支出。消费由多种因素决
定,但其中最重要的是收入,**消费函数**是指消费支出与收入之间的

依存关系。

在分析消费函数时,我们可以把消费分为两部分:**自发消费**与**引致消费**。自发消费指不取决于收入的消费,这部分消费取决于人生存的基本需要,即使没有收入也必须有这部分消费,否则人就无法生存。在一般经济中这一部分并不大,我们把它作为既定的。在消费函数中,我们重点是研究引致消费,引致消费是取决于收入的消费,随收入的变动而同方向变动。以后我们所说的消费都是指引致消费。

为了说明消费与收入之间的关系,我们要了解两个概念:**平均消费倾向**与**边际消费倾向**。平均消费倾向是消费(C)在收入(Y)中所占的比例,如果以 APC 代表平均消费倾向,就有 $APC=C/Y$。例如:如果收入为 1000 亿元,消费支出为 600 亿元,平均消费倾向 APC 为 600 亿/1000 亿,即 0.6。边际消费倾向是增加的消费(ΔC)在增加的收入(ΔY)中所占的比例,如果以 MPC 代表边际消费倾向,就有 $MPC=\Delta C/\Delta Y$。例如,如果收入由 1000 亿元增加到 1200 亿元,增加的收入(ΔY)为 200 亿元,消费支出从 600 亿元增加到 700 亿元,增加的消费(ΔC)为 100 亿元,边际消费倾向 MPC 为 100 亿/200 亿,即 0.5。

与平均消费倾向和边际消费倾向相关的是**平均储蓄倾向**（**APS**）和**边际储蓄倾向**（**MPS**）。收入分为消费和储蓄两个部分,收入减去消费就是储蓄,因此,储蓄在收入中所占的比例,即平均储蓄倾向与平均消费倾向之和为 1,平均储蓄倾向是 1 减去平均消费倾向。在上例中,平均消费倾向为 0.6,平均储蓄倾向就是 0.4。同样可知,增加的收入分为增加的消费和增加的储蓄两个部分。增加的收入中减去增加的消费就是增加的储蓄,因此,增加的储蓄在增加的收入中所占的比例,即边际储蓄倾向与边际消费倾向之和为 1,边际储蓄倾向是 1 减去边际消费倾向。在上例中,边际消费倾向为 0.5,边际储蓄倾向也是 0.5。

凯恩斯认为决定消费的是现期绝对收入水平,他推断随着收入增加,消费支出也会增加,但消费增加的比例小于收入增加的比例,这就是他著名的三大心理规律之一:边际消费倾向递减规律。但战后,美国经济学家库兹涅茨等人研究了长期消费数据发现,并不存在边际消费倾向递减现象。在长期中,平均消费倾向与边际消费倾向是相同的,稳定的。这就是说消费函数是一个稳定的函数,例如在美国,边际消费倾向和平均消费倾向长期以来稳定在 0.676 左右。许多经济学家提出了解释消费函数稳定性的理论,这就是消费函数理论。

经济学家认为,凯恩斯把收入与消费联系起来提出了消费函数理论是正确的,但他把收入解释为现期绝对收入水平,得出了边际消费倾向递减的结论是错误的。现代经济学家认为,决定消费的并不是现期绝对收入水平。他们用不同的收入概念解释了消费函数的稳定性。在各种消费函数理论中最有影响的是**生命周期假说**和**持久收入假说**。

生命周期假说是由美国经济学家莫迪利阿尼等人提出的。这种理论认为，消费并不取决于现期绝对收入水平，而取决于人一生所得到的收入。这就是说，人是有理性的，他们要实现一生的效用最大化。这就要根据一生所得到的收入来安排一生的消费，实现一生中每年的消费基本相等，从而一生消费带来的总效用最大化。人们在一生中消费与收入的关系取决于生命的不同阶段。在工作时期，消费小于收入，有储蓄；在退休之后，消费大于收入，有负储蓄，即使用工作时期的储蓄。从每个人来看，一生的消费与一生的收入相等。从整个社会来看，只要人口结构没有重大变动，消费支出与收入之间的函数关系就是稳定的。这就是平均消费倾向与边际消费倾向相等，是一个稳定的值。

持久收入假说是由美国经济学家弗里德曼提出来的，这种理论把人的收入分为持久收入和暂时收入。持久收入是长期的、有规律的固定收入，一般指能稳定在 3 年以上的收入，例如，正常的工资收入。暂时收入指一时的、非连续性的偶然收入，例如，得到的遗产收入。持久收入可以用过去与未来预期的收入进行计算，是过去与未来预期收入的加权平均数，时期越近，加权数越大。人是理性的，要从长期的角度来安排自己的消费，因此，决定人们消费的，并不是现期绝对收入水平，而是持久收入。持久收入是稳定的，消费也是稳定的。暂时收入并不会引起消费变动，因此，消费是持久收入中一个稳定的比例。长期中，平均消费倾向和边际消费倾向是一个稳定的值。

消费函数的稳定性在统计数据验证和理论上都是成立的，这对

老年的生活质量某种程度上取决于青壮年时期是否合理地安排了消费与储蓄的关系

宏观经济研究有重要含义。在短期中,总需求决定宏观经济状况,总需求中消费占的比例最大。如果消费是稳定的,这对经济的稳定就是重要的,因此,消费是总需求中最稳定的一部分,也就是宏观经济稳定的重要因素。在经济周期中,经济尽管有衰退,但这种衰退会由于消费的稳定性而减缓。当然,消费函数的稳定性也表明,要通过刺激消费来增加总需求,促成经济繁荣,绝非易事。一个经济边际消费倾向的大小取决于长期经济状况和一些制度因素(如社会保障与福利制度的完善程度),在短期中难以改变,所以,刺激经济的经济政策的重点并不在于刺激消费。

2 "加速原理"与"本能冲动"

投资也是总需求中一个重要的组成部分,尽管投资在总需求中占的比例没有消费那么大(通常在 15％左右),但决定投资的因素很多,而且,投资的波动相当大。引起经济中波动的关键因素是投资的波动,因此,投资理论在宏观经济学中是相当重要的,而且至今也不能令人完全满意。

投资包括**企业固定投资**(企业购买厂房、设备等的支出)、居民住房投资(这里要注意的是,人们通常把购买住房作为消费支出,但经济学家强调,居民购买住房不是一种消费行为而是一种投资行为,因此,这一部分支出归入投资之中)和**存货投资**(未售出的制成品,作为下一阶段生产投入的半成品和原料等)。从整个经济来看,决定投资的因素很多,例如,人们对未来的预期、政府的政策等等。这里我们重点分析决定投资的两个因素:利率与实际 GDP 水平。

投资函数指投资量与利率之间的函数关系。在影响投资的各种因素中,利率是一个极其重要的因素。因为投资的目的是为了获得利润,或者准确地说是扣除各种投资成本之后的纯利润。利息是主要的投资成本。因为一般投资都是靠贷款进行,贷款要支付利息(即使是自有资金不支付利息,也仍然有作为放弃的利息的机会成本),而利率的大小决定了投资成本,从而也就决定了一笔投资所得到的纯利润。利率越高,投资贷款所支付的利息就越多,投资的纯利润就越少。例如,假定为投资借了为期 25 年的贷款 500 万元,当利率为 5％时,每月偿还本息 292 元;当利率为 10％时,每月偿还本息 454 元;当利率为 15％时,每月偿还本息 640 元。这就是说,当利率上升一倍时,每月偿还的本息也几乎上升了一倍。这就说明投资对利率的变动反应是相当敏感的。投资函数说明了投资支出与利率之间的这种反方向变动关系,即在其他条件不变的情况下,利率越低,投资支出越多;反之,利率越高,投资支出越少。利率变动会引起投资多大变动,可以用投资的利率弹性(即投资变动对利率变动的反应程度,可以用投资支出量变动百分比除以利率变动百分比来计算)来表示。投资的利率弹性越大,则一定百分比利率变动引起的投资支出变动越大;投资的利率弹性越小,则一定百分比利率变动引起的投资支出变动越小。

决定投资支出的另一个重要因素是实际 GDP。因为实际 GDP 越高,所需要的投资越多;反之,实际 GDP 越低,所需要的投资越少。这两者之间的关系可以用加速原理来说明。

加速原理分别由法国经济学家阿夫塔里昂和美国经济学家克拉克提出。这一原理说明了投资与实际 GDP 之间的依存关系,强调了投资变动率取决于实际 GDP 变动率。增加的投资与增加的实际 GDP 之间的比例称为加速数。因为现代生产的特点是迂回生产,即为了生产出一定产量首先要大量投资于厂房与设备等资本品,在经济中,投资的变动率大于实际 GDP 的变动率,所以,加速数大于一。这就是说,当实际 GDP 开始增加时,投资增长率大于实际 GDP 增长率,但当实际 GDP 减少时,投资减少率也大于实际 GDP 的减少率。加速的含义就是投资变动大于实际 GDP 变动。由此可以推导出,要使投资率保持不变,实际 GDP 必然保持一定的增长率。尽管加速原理的前提是技术不变,即没有考虑技术进步因素,但在实现了充分就业,即资本设备得到充分利用的条件下,加速原理在现实中是发生作用的,这一点对解释许多宏观经济现象是极为重要的。

投资是现期支出而在未来得到收益。未来会有许多不确定因素,存在风险,因此,投资者对未来的预期对投资也有重要影响。凯恩斯用"本能冲动"(或译为"动物本能")来解释投资者对未来预期所引起的情绪变化对投资的重要性。但投资者的信心与情绪难以定量分析,因此,我们在本书中分析投资及其对宏观经济的影响时,重点放在利率与投资的关系以及实际 GDP 与投资的关系上。

3 某商店的玻璃被小流氓打破

在短期中,当我们不考虑总供给(或假定总供给为既定)时,实际 GDP 水平就由总需求决定。这就是说,总需求水平大小决定了实际 GDP 大小;总需求增加,实际 GDP 增加;总需求减少,实际 GDP 减少。这就是凯恩斯主义的总需求决定原理。

但重要的是总需求的变动与所引起的实际 GDP 的变动是不是相同？或者说，总需求增加 100 亿元是不是实际 GDP 也正好增加 100 亿元？经济学家用乘数原理说明总需求变动与实际 GDP 变动之间的关系，而且，强调了乘数一定大于 1，所以，乘数原理在凯恩斯主义的总需求决定原理中具有十分重要的地位。

乘数是总需求增加所引起的实际 GDP 增加的倍数。如果以 $\triangle AD$ 代表总需求增加量，用 $\triangle Y$ 代表实际 GDP 增加量，则乘数 $K = \triangle Y / \triangle AD$。例如，如果总需求增加了 100 亿元（$\triangle AD = 100$ 亿元），实际 GDP 增加了 300 亿元（$\triangle Y = 300$ 亿元），则乘数为 3（$K = 300$ 亿元/100 亿元=3）。总需求由不同部分组成，乘数因此也就为不同乘数，例如，如果是总需求中的投资增加，则为投资乘数，如果是总需求中政府支出的增加，则为政府支出乘数，等等。

但是，重要的是，为什么总需求变动所引起的实际 GDP 的变动大于原来总需求的变动？或者说为什么乘数一定大于 1？

乘数必定大于 1 是因为国民经济各部门之间是相互联系的。一个部门需求的增加，即该部门支出增加，必定会引起其他部门收入的增加，这种收入增加又会引起这些部门需求（及支出）的增加。一部门需求（及支出）增加引起的其他部门收入与支出增加，在国民经济各部门中引起一种连锁反应，最后使整个经济总收入的增加大于原来总需求的增加。这就是一个部门需求增加的乘数效应。

我们可以用一个具体例子来说明乘数效应。假设某商店的玻璃被一小流氓打破，商店更换玻璃用了 1000 元，这 1000 元属于投资,是总需求的增加。再假设得到收入的部门把其中的 80％用于支出(即边际消费倾向为 0.8)。商店投资增加 1000 元用于更换玻璃(投资需求增加 1000 元)。玻璃店得到 1000 元收入(GDP 增加 1000 元),把其中的 80％,即 800 元用于购买食物(消费需求增加 800 元),食品店得到 800 元收入(GDP 又增加 800 元)。食品店又把其中的 80％,即 640 元用于购买衣服(消费需求增加 640 元),衣服店得到 640 元收入(GDP 又增加 640 元)。衣服店把其中的 80％,即 512 元用于购买鲜花(装饰店面用,投资需求增加 512 元),鲜花店得到 512 元收入(GDP 再增加 512 元)。鲜花店还要再把其中的 80％用于支出……。这样下去,商店最初的 1000 元投资,会引起许多部门收入与支出增加,最后各部门增加的收入之和(GDP 的增加)一定大于最初增加的 1000 元投资。最后增加的收入之和(1000 元＋800 元＋640 元＋512 元＋……)与最初增加的投资 1000 元之比就是乘数。

　　在上面的例子中,乘数有多大呢? 细心的读者一定会注意到,这 1000 元投资能引起的收入增加的大小取决于得到收入的部门把多少收入用于再引起下一轮收入增加的支出,即边际消费倾向的大小。经济学家推导出乘数的公式是:乘数＝1/1－边际消费倾向。在上例中,边际消费倾向是 0.8。所以乘数为 1/1－0.8,即 5。当乘数为 5 时,最初增加的 1000 元投资最终会使收入(即 GDP)增加 5000 元。由此可以得出:边际消费倾向越大,乘数越大,既定总需求增加引起的实际 GDP 增加也越大;反之,边际消费倾向越小,乘数越小,既定总需求增加引起的实际 GDP 增加越小。但边际消费倾向一定大于零而小于 1,所以,乘数一定是一个大于 1 的正数,即总需求增加引起的实际 GDP 增加一定大于最初总需求的增加。

乘数效应在现实中是客观存在的,其作用不可忽视。例如,如果政府要通过增加支出来刺激经济,增加 GDP。假定政府的目标是增加 5000 亿 GDP,那么,政府的支出应该增加多少呢? 如果不考虑乘数效应,政府要增加 5000 亿支出。但由于乘数效应的存在,政府支出并不用增加这么多。如果按上面的例子,乘数为 5,政府支出只要增加 1000 亿就可以。如果真的不考虑乘数效应,真的增加 5000 亿政府支出,GDP 要增加 25000 亿元,就会引起通货膨胀了。

当然,与一切其他经济规律一样,乘数发生作用也是要具备一定条件的,这个条件就是经济中要有闲置的资源,即没有实现充分就业。在这种条件下,总需求的增加才能通过乘数效应带动整个经济发展。如果经济已经实现了充分就业(甚至达到了极限),那么,乘数就无法发挥作用。此外还应该注意的是,乘数效应是一把"双刃剑",即总需求增加时,乘数效应有成倍增加实际 GDP 的作用。但在总需求减少时,乘数效应也有成倍地减少实际 GDP 的作用。换言之,乘数效应是一个放大器,总需求变动的影响都被它放大了——无论是好的影响还是不好的影响。

4　蜜蜂的寓言

本章的开头引用了曼德维尔《蜜蜂的寓言》中的一段话。这首寓言讲的是一个蜜蜂群的兴衰史。最初,这群蜜蜂追求豪华的生活,大肆挥霍浪费,结果整个蜂群百兴昌盛、兴旺发达。后来它们改变了这种习惯,放弃了奢侈的生活,崇尚节俭,结果整个社会凋敝,最后被敌手打败而逃散。这首诗宣扬了"浪费有功"的思想,与 18世纪英国崇尚节约的传统不同。但凯恩斯从中看出了刺激消费和

劳力士手表——也许,奢侈品的存在最能够说明需求如何能够创造财富,推动经济的发展。

增加总需求对经济走出萧条的作用,并受此启发建立了以总需求分析为中心的宏观经济理论。

从总需求分析中得出的结论其实与《蜜蜂的寓言》一样,消费是总需求的一个重要组成部分,增加消费可以刺激经济。消费的增加是储蓄的减少。传统的观念认为节俭是美德,但这种个人的美德引起的储蓄增加,消费减少却使经济衰退。增加消费有悖节俭的美德,是个人的恶德,但却有利于整体经济繁荣。这就是节约的悖论。我们应该如何认识这种节约的悖论呢?

任何经济理论都是以一定的条件为前提的,离开了具体的条件很难判断一种理论正确还是错误,节约的悖论是否正确就要放到具体的条件之下去考察。凯恩斯的总需求分析是一种短期分析,针对的是20世纪初英国经济的停滞和20世纪30年代世界性的大萧条。在这时资源严重被浪费,制约实际GDP增长的不是总供给能力,而是总需求严重不足,产品过剩。只要增加总需求就可以使闲置资源得到利用,促使经济繁荣。在这种情况下,节约的悖论实际是正确的,即个人增加消费、减少储蓄可以使整个经济获益。但从长期来看,一个经济的繁荣还取决于总供给能力,从而增加储蓄,增加资本积累,还是非常重要的。仅仅倡导消费不足以使经济长期繁荣。

过去我国的传统美德也是节俭,但近年来增长放慢使许多人认识到消费的重要性,政府也在努力寻找新的消费热点,并用降息、增加收入,甚至放长假等方法来刺激消费。这说明,看似荒谬的《蜜蜂的寓言》对我们也有现实启发意义，所以，我们对总需求的重要性也就更容易理解了。当然总需求不仅包括消费，还有投资、政府支出和出口，所以刺激总需求也不仅仅刺激消费，还要刺激投资、增加政府支出和出口。从长期来看，我们还要注意制度变革、资源（包括资本）增加和技术进步，这才是长期繁荣之路。

货币与经济

唯一比爱情更能使人发狂的事情是货币问题。

——本杰明·狄斯赖利

　　本杰明·狄斯赖利（Benjamin Disraeli，1804—1881），英国政治家，曾两次出任英国财政部长和首相。他在政治上属于托利党人，对工业发展持批评态度，也反对自由贸易政策，但也为维护欧洲和平做出过贡献。他并没有系统的经济理论，但关于货币的这段话却颇为深刻。

现代市场经济的本质是货币经济,没有货币一天也存在不下去,货币出了问题会波及整个经济,因此,在美国掌管货币的美联储主席阿伦·格林斯潘被称为仅次于总统的第二号人物,仅就经济而言,格林斯潘的作用比总统还大。我们已经说明了在长期中货币仅仅决定物价水平,影响名义变量,但在短期中,货币既影响名义变量(物价水平)又影响实际变量(实际 GDP)等。本章分析短期中货币与经济之间的关系。

1　万宝路香烟是不是货币

如果我问什么是货币,也许你会认为这太简单了。

货币不就是钱吗? 天天见,天天用,谁还不知道? 但如果我问万宝路香烟是不是货币,你经常用来购物的信用卡是不是货币,也许就没人认为简单了。其实这两种问法要说的是同一个问题:经济学中**货币**的严格定义是什么。

在经济学家看来,货币是经济活动中人们经常用于购买其他人物品与劳务的一组资产,或者也可以说,货币是人们普遍接受的交换媒介。这就是说,凡是能用来购买物品与劳务的东西都是货币。

要了解货币的这种本质就必须了解货币的职能,因为货币的职能体现了它的本质。货币的基本职能是:**交换媒介、计价单位和价值储藏**。交换媒介是当买者在购买物品或劳务时给予卖者的东西,或者说,交换媒介是买者和卖者进行交易时的中介。货币作为交换媒介便利了交易,降低了交易费用。在没有这种交换媒介时人们交易成功的关键是买卖双方的欲望一致性,即买者和卖者都正好需要对方的东西。这种没有货币为中介的交易称为物物交换。买卖双方的欲望一致性是一种偶然,这样就难以有广泛的交换。计价单位

古代阿拉伯人曾在商品交易中使用贝壳当作货币

是人们用来表示物品和劳务价格及记录债务的标准。当所有物品和劳务都用统一的货币来表示时，交易就方便了。价值储藏是人们用来把现在的购买力转变为未来购买力的东西。人们可以用多种形式的财产来作为价值储蓄手段，例如，存款、股票、债券、不动产等等。货币也是其中的一种。在这三种职能中，交换媒介是最基本的。计价单位是货币作为交换媒介的条件或前提，价值储藏是交换媒介的延伸。

了解了货币的这三种职能，我们就可以回答开始提出的两个问题。在某些特殊情况下，万宝路香烟曾被作为普遍接受的交换媒介使用，因此就成为了货币。在二战盟军战俘营中、二战后德国超速通货膨胀时期和20世纪80年代俄罗斯通货膨胀严重的莫斯科，人们都曾把万宝路香烟作为交换媒介使用，这时万宝路香烟就是货币。信用卡也可以购物，但并不是货币。因为能够购物的并不是信用卡本身，而是信用卡公司为持卡人购买支付的承诺，这种承诺来自持卡人保证支付的信用。信用卡只是持有人信用的证明，本身并不是交换媒介，正如驾驶证只证明持证人会开车，但本身并不是开车技术一样。

在历史上贝壳、石头、白银、黄金等曾作为货币使用，但现在各国最普遍的货币形式是纸币。黄金这类有内在价值的东西作为货币是**商品货币**。有内在价值是指这些东西本身有价值，即使不作为货币也有价值。如果黄金不作为货币时仍具有贵金属的价值，可用于工业或首饰制造。没有内在价值而由政府法令所确定的货币称

万宝路香烟广告

为**法定货币**，现在我们用的纸币都属于法定货币。这些作为货币的
纸片本身并没有什么价值，它作为货币的地位是由政府的法令确定
的。商品货币与法定货币不仅仅是货币的形式不同，其对经济的影
响也不同。当采用商品货币时，由于商品本身的供给有限（例如，黄
金产量的限制），产生通货膨胀的情况不多，更经常的情况是出现通
货紧缩。当采用法定货币时，货币供给本身没有物质限制，更易于
发生通货膨胀。通货膨胀本质上是一种纸币现象。这样，法定货币
对经济的重要性就远远大于商品货币。

我们在分析货币对经济的影响时,重要的是考虑货币存量。**货币存量**是一个经济流通中的货币量。经济学家按流动性来划分不同的货币存量。流动性指资产可以变为经济中交换媒介的容易程度。按流动性的大小,货币可以分为 M_1 和 M_2。M_1 是直接可以作为交换媒介的东西,最具流动性,称为狭义货币,包括现金(纸币与辅币)、旅行支票和可以直接开支票随时支取或购物的活期存款。M_2 包括了容易作为交换媒介的东西。它的一些货币流动性不如 M_1,但比债务、股票之类变为交换媒介不太容易或不能保持原价值的非货币资产而言,流动性还相当大。M_2 中包括 M_1 和储蓄存款、定期存款、货币市场共同基金和其他一些小项目。M_2 包括的范围远远大于 M_1,称为广义货币。

2　金融体系

货币经济中,经济的运行依赖于金融体系,货币对经济的影响通过金融体系而发生。因此,理解货币在经济中的作用必须了解金融体系。

金融体系包括**中央银行**、**金融机构**和**金融市场**。

中央银行是国家的银行,例如,美国的联邦储备委员会就是美国的中央银行。在经济中,中央银行的主要职责是:第一,发行货币,控制一国的货币供给。第二,领导并监督银行体系的运行。金融体系的正常运行是一国经济稳定的前提。金融体系正常运行的条件之一是银行体系的稳定。中央银行代表国家对银行的业务活动进行监督、管制，也是国家有关银行立法的执法者。当银行有困难时，中央银行为了维持银行体系的稳定，也要给银行以扶植。例如，当银行资金短缺而银行之间的拆借困难时，中央银行作为"最后贷款者"给银行以支持，以避免银行破产所引起的金融风波。第三，中央银行运用货币政策调节经济。中央银行可以通过货币供给来影响经济，这种政策就是货币政策。中央银行是货币政策的决策者与实施者。除了这些职能外，中央银行还有一些其他职能，例如，组织银行之间的清算，作为国家银行掌握一国外汇储备，影响汇率等等。

各国的中央银行都有自己的特点。一些国家的中央银行有相当大的独立性，并不属于政府的一部分，也不受政府，甚至议会领导。它们依法行使自己的职权，独立决定货币政策。例如，美联储和德国的中央银行。另一些国家的中央银行独立性较弱，由政府或财政部领导。例如，日本和英国的中央银行。根据经济学家的研究，独立性强的中央银行更关注物价稳定，因此，这些国家的物价一般比中央银行不独立的国家更稳定。

金融体系的第二个组成部分是金融中介机构。金融中介机构中最重要的是**商业银行**，商业银行是从事货币业务的企业，它和一般企业一样以利润为目标。具体来说，商业银行通过它吸收存款、发放贷款和代客结算这类业务活动来实现利润最大化。但正如我

这幅 14 世纪的手稿描绘了意大利一间会计所内的银行家们的形象

作为第一家"所提供账户不能直接兑换成硬币"的公共银行，1609 年成立的阿姆斯特丹银行被认为是现代中央银行的先驱。

们将在下面说明的,商业银行在从事存贷款业的同时,也创造出了货币。商业银行创造货币的机制对货币供给和经济有重要的影响。除了商业银行之外,金融中介机构中还包括**非银行金融中介机构**,它们从事不同的金融业务。例如,美国的共同基金从事风险投资,储蓄与贷款协会主要从事长期房地产抵押贷款。其他国家还有信用社等非银行金融中介机构。我们在以后的论述中以商业银行来代表金融中介机构。

各国的商业银行也有不同的特点。有些国家的商业银行是由几家大银行主宰,大银行下面有分行,形成自己的独立体系,如英国、日本的商业银行都是这种体系。有些国家的商业银行则由大大小小的独立银行组成,这些银行规模差别很大,但在法律上都是独立的,例如美国的商业银行。此外,各国商业银行的业务经营范围也不同。有些国家规定商业银行可以经营不同的业务,如存贷款、证券投资、企业控股等;这种做法称为混业经营,日本就是如此。也有些国家严格规定了不同商业银行和非银行金融中介机构的业务范围,银行不得跨业务经营,这种做法称为分业经营。美国曾采用这种做法,但现在已废除这一规定,允许混业经营。银行走向混业经营有利于银行通过跨行业经营减少风险,并提高效益,已成为一种趋势。

金融体系的第三个组成部分是**金融市场**,金融市场是各种货币与金融资产(如债券和股票)进行交易的市场。在现代经济学中,金融市场十分重要。中央银行对货币供给的控制是通过在金融市场

1930 年代的经济大萧条时期，一个美国人由于股市的崩盘失去了所有财产，只能公开售卖他自己的私家车。

上的买卖实现的，公众把资金投入金融市场，企业也通过金融市场筹资。金融市场的波动对整个经济有重大的影响，经济的兴衰都与金融市场密切相关。20 世纪 30 年代全球大萧条是从美国纽约股市的崩溃开始的，20 世纪 90 年代美国的经济繁荣也表现在股市高涨上。在目前世界金融市场一体化的情况下，金融市场波动不仅影响一国经济，还影响全球经济。

3　利率与货币

凯恩斯打破了古典二分法,用利率把实物市场与货币市场联系起来。这就是说,货币市场决定**利率**,利率影响实物市场,因此,了解货币与经济之间关系的中心是说明利率的决定。

利率是在货币市场上由货币的供求决定的,因此,要说明利率的决定必须分析货币的需求与供给。

根据凯恩斯主义货币需求理论,决定货币需求的是利率和收入(GDP)水平。**货币需求**是整个社会所需要的货币量。人们需要货币会出于不同的动机,可以把这些动机概括为三类。第一,**交易动机**。这是人们进行日常交易所需要的货币,目的是便利交易、降低交易费用。出于这种动机所需要的货币量取决于交易量,交易量又取决于 GDP,因此,交易动机的货币需求量取决于 GDP。这两者之间是正相关关系,即 GDP 增加,出于交易动机的货币需求量增加;反之,GDP 减少,出于交易动机的货币需求量减少。第二,**预防动机**,或称谨慎动机。交易动机是为了应付不可预见的支付,并使不确定性带来的损失最小所需要的货币。收入越高,人们用于预防的资金越多,因此,这种货币需求也取决于 GDP,两者之间是正相关关系,GDP 越大,出于预防动机所需要的货币也越多;反之,GDP 越小,出于预防动机所需要的货币也越少。第三,**投机动机**。投机动机是人们为了减少风险而进行资产多元化所需要的货币。人们以货币、债券、股票等多种形式来持有财产，其目的在于资产收益最大化或风险最小化。如果货币利率低，人们就要从事债券或股票投机，从而所需要的货币就多；反之，如果货币利率高，人们从事债券或股票投机活动就少，从而所需要的货币就少，所以，出于投机动机的货币需求取决于利率。利率越高，出于投机动机的货币需求就越少；反之，利率越低，出于投机动机的货币需求就越多。这两者之间反方向变动。

在现实中，人们很难分清所需要的货币中每种动机所需要的货币量是多少。因此，在价格为既定时，货币需求取决于 GDP 和利率，与 GDP 同方向变动，与利率反方向变动。

货币供给取决于中央银行的货币政策，但商业银行在决定货币供给方面也有重要的作用。中央银行决定的是**基础货币**。中央银行控制货币的主要手段是**公开市场活动、贴现率政策**和**准备率政策**。公开市场活动是中央银行在金融市场上买卖政府债券。中央银行买进政府债券，则把货币给予出卖者，这就增加了基础货币；反之，中央银行卖出政府债券，则从买者手中收回了货币，这就减少了基础货币。这是各国中央银行最常用的控制基础货币的工具。贴现率是中央银行向商业银行提供贷款的利率，贴现率降低会使商业银行得到的贷款增加，从而增强商业银行创造货币的能力，货币供给量增加；反之，贴现率提高会使商业银行得到的贷款减少，从而削弱商业银行创造货币的能力，货币供给量减少。准备率是中央银行规定的商业银行在所吸收的存款中必须保留的准备金的比率。降低准备率,商业银行可以把更多存款用于贷款,所创造的货币量增加;提高准备率,商业银行在存款中可用于贷款的数量减少,所创造的货币量减少。

中央银行增加或减少的是基础货币,基础货币并不等于流通中的货币量,即货币供给。因为商业银行会用基础货币创造出更多的货币。商业银行这种创造货币的机制在决定货币供给中是十分重要的。当然,商业银行创造货币并不是说它可以印刷货币,而是指它通过存贷款业务使一单位基础货币变为若干单位货币。这种机制的关键在于,从商业银行得到贷款的客户并不是把现金提走,而是存入自己的开户银行,这样,这家银行的存款增加,存款又可以转变为贷款。这个过程在银行体系中一直继续下去,流通中的货币量就大于中央银行发行的基础货币。

我们用一个例子来说明商业银行的创造货币的机制如何创造出货币。假设准备率为 0.2,中央银行在金融市场上买进 100 万元政府债券,这就使中央银行增加了 100 万元基础货币。出卖这 100 万元债券的甲把这笔钱存入他的开户银行 A。A 银行增加了 100 万元存款,按 0.2 的准备率把 20 万作为准备金留下之后,把余下的 80 万贷给乙。得到这 80 万元贷款的客户乙把这 80 万存入自己的开户银行 B。B 银行增加了 80 万元存款,按 0.2 的准备率把 16 万作为准备金留下之后,把余下的 64 万贷给丙。得到这 64 万元贷款的客户丙把这 64 万存入自己的开户银行 C。C 银行增加了 64 万元存款,又可继续贷款。这个过程一直进行下去,存款的增加为 100 万＋80 万＋64 万＋……(也可以写为 100 万＋100 万×0.8＋100 万×0.8^2＋100 万×0.8^3＋……＝100 万×1/0.2＝500 万)。按货币的定义,存款是货币。于是,中央银行增加的 100 万元基础货币通过商业银行的存贷款业务活动变成了流通中 500 万元的货币供给量。货币中的流通量与基础货币之比称为货币乘数。在这个例子中货币乘数为 5。

读者一定会发现,货币乘数的大小,即中央银行发行的基础货币为既定时,商业银行可以创造出多少货币,取决于准备率的大小。在上例中,准备率为 0.2,货币乘数为 5,所以货币乘数也是准备率的倒数。准备率越小,货币乘数越大;准备率越大,货币乘数越小。当然,在现实中,货币乘数的大小还要取决于其他因素。我们上面的例子中,假定得到贷款的客户把全部贷款存入自己的开户银行,自己没有留现金,即不存在货币漏出。如果有货币漏出,即得到贷款的客户把一部分货币作为现金提出,那么,这部分现金就不再作为存款进入银行,即退出了货币创造过程。这时,货币乘数就变小了,商业银行能创造出来的货币量就少了。

在货币市场上,决定利率的是货币供求,这就如同物品市场上物品的供求决定价格一样。当货币需求量等于货币供给量时,货币市场均衡,这时就决定了市场**均衡利率**。货币供求的变动影响利率变动。在货币供给不变时,货币需求增加,利率上升;货币需求减少,利率下降。在货币需求不变时,货币供给增加,利率下降;货币供给减少,利率上升。如果货币供求都变动,则是这两种结果的综合。一般说来,货币需求较为稳定,所以,货币供给是决定利率的重要因素。这正是中央银行通过调节货币供给来影响利率和经济的原因。

正如我们在投资函数中所分析的,利率对投资有重大影响,投资是总需求的一个重要组成部分,从而利率就会影响整个经济。这是货币对经济最重要的影响。当然,货币对经济还有其他影响。在长期中,货币决定物价水平。在短期中,货币也会通过对总需求的影响而影响物价水平。因为总需求增加,GDP 增加,物价水平上升。物价水平上升就是通货膨胀,所以,货币量增加在短期中也是通货膨胀的原因之一。短期与长期的差别在于,短期中货币既影响实际 GDP 又影响物价水平,而在长期中,货币不影响实际 GDP,只影响物价水平。记住这种区别对认识货币在经济中的作用是重要的。

失业与通货膨胀

把通货膨胀控制在3.5％以下的同时达到60年代肯尼迪政府的目标，即把失业率降低到4％，是可能的。

——詹姆斯·托宾

　　詹姆斯·托宾(James Tobin,1918—2002),著名的美国凯恩斯主义经济学家,1981年获诺贝尔经济学奖。托宾对凯恩斯主义宏观经济学,尤其是他的货币理论、金融市场与经济、宏观经济政策的研究对经济理论和政策都产生了重大影响,曾在60年代任肯尼迪总统经济委员会委员,他主张的充分就业政策促成了美国60年代的繁荣。我们所引用的这段话反映出他对60年代辉煌的留恋。

　　失业与通货膨胀是各国宏观经济中两个最重要的问题。各国无不努力在达到美国经济学家托宾所提出的低通货膨胀和低失业的目标。但现实并不是像托宾所希望的那样美好。美国 20 世纪 90 年代实现了这一目标,但 20 世纪 70 年代却是高通货膨胀和高失业并存的滞胀状态。在另一些年份或其他国家,或者是高失业低通货膨胀,或者是低失业高通货膨胀。为什么同时实现低失业和低通货膨胀不容易?如何才能实现托宾的理想目标?要解决这一问题,我们就必须对失业与通货膨胀进行更为深入的分析。

　　在以前各章中我们提出了总需求—总供给模型,并说明了短期中总需求的重要性。现在我们就这些理论工具来分析失业和通货膨胀,及其相互之间的关系。

1 奥肯定理

什么是**失业**？联合国国际劳工局曾给失业者下了这样一个经典性定义：失业者是在一定年龄范围内，有工作能力，想工作，而且正在找工作，但现在仍没有工作的人。

各国都根据自己的情况对这个定义进行了具体化。在美国，一定年龄范围界定为 16～65 岁，即成年人，或称工作年龄人口。在工作年龄人口中除去不愿参加劳动者和无劳动能力者是劳动力。劳动力中可以划归失业者的包括三种人：第一，由于被解雇或自己离职没有工作，但在调查前 4 周一直在找工作的人。第二，由于企业暂时减少生产而没有上班，但并未解雇，等待被重新召回原工作单位，一周以上未领工资的人。第三，第一次进入劳动力市场或重新进入劳动力市场，寻找工作 4 周以上的人。这些是官方承认的失业者，实际上还有一些没有工作也想找工作的人，由于找工作困难而放弃了找工作未被作为失业者，这种人称为丧失信心的工人（通常是年龄大、文化技能低、找工作十分困难的长期失业者）。那些从事部分时间工作（打零工）而又想找一份全职工作的人也未被作为失业者，因为有部分时间工作也被作为有工作。

任何一个经济中都不可能人人都有工作，换言之，在一个动态社会中一些人处于失业状态是正常的，因此，在分析失业时重要的

两个失业的建筑工人在墨西哥城大教堂旁边等待工作

是要分清哪些失业是正常的,哪些是不正常的。前者称为**自然失业**,后者称为**周期性失业**。

自然失业是由于经济中一些难以克服的原因所引起的失业。这是一种任何经济都难以避免的失业,也就是正常的失业。引起自然失业的原因也很多。例如,工人嫌工资低而不愿意工作,劳动力正常流动,工作的季节性,制度的原因,技术变动,等等。其中最主要的是由于劳动力流动引起的**摩擦性失业**和制度原因引起的**结构**

性失业。

摩擦性失业是由于劳动力流动引起的失业。每一个人都想找到一个适合个人爱好与技能的工作,这就会不断地辞去旧工作寻找新工作;产业结构的变动或某个地区的兴衰会迫使劳动力流动,衰落行业和地区的工人要找新工作;甚至个人为了与亲人在一起或住在更好的环境里也会进行流动。这种种原因使劳动力流动成为一个经济的特征。例如,美国每年的劳动力流动为17%左右。在劳动力流动中,无论由于什么原因,离开旧工作找到新工作之间总需要一段时间。这段时间这些流动的人就成为失业者。这种失业也可以归结为寻找一份合适的工作需要一定时间,因此,又称**寻找性失业**,即由于想找到好工作引起的失业。无论由于追求更好的工作,还是被迫找新工作,在任何一个经济中都是正常的,因此,这种失业是正常的。尤其是年轻人中的相当一大部分失业属于这种失业。有些经济学家甚至认为,这种失业是实现劳动力配置最优化所应付出的代价,不仅正常,而且必要。付出失业的代价换得劳动力最优配置的结果,从社会来看,利益大于代价。

结构性失业是由于一个经济的制度原因而引起的失业。任何一种制度都有利有弊。在给社会带来利益的同时也会引起各种代价。例如,**最低工资法**是一项保护低收入者的政策,有使社会收入平等化的积极作用。但在这种制度之下,劳动供给增加,企业的劳动需求减少,劳动市场供大于求就是失业。这种制度使一部分不熟练工人得到了提高收入的好处,但却使另一部分本来可就业的不熟练工人失业。再如，**失业津贴**保证失业者有一定收入，有利于社会安定，是一项社会保障制度，但却使失业工人不着急找工作，而延长了失业。美国经济学家曾做过一个实验，把失业工人分为两组，对一组工人在三周内找到工作的给予 500 美元奖励，而另一组工人没有这种奖励。结果第一组工人在三周内都找到工作，而另一组工人在失业津贴结束前（26 周时）找到了工作。这说明失业津贴降低了工人找工作的努力程度，引起失业时间延长，即失业加重。此外，工会的存在也引起这种结构性失业。工会控制了劳动供给，可以要求提高工资，但高工资引起失业。结果往往是工会会员得到了高工资，非工会会员承担失业的代价。当企业实行效率工资，即高于市场工资的工资时，也会减少劳动需求，引起失业。这种种制度在经济中都有积极作用，不可能取消但却成为失业的原因。这种失业同样也是难免的、正常的。

各国都有自然失业，但严重程度，即**自然失业率**不同。自然失业率的不同取决于各国的制度和其他因素。例如，欧洲的社会保障与福利水平高于美国，工会力量比美国强大，因此，欧洲国家的自然失业率普遍高于美国。各国都根据自己的实际情况和社会可接受程度确定自己的自然失业率。充分就业并不是人人都有工作，而是失业率等于自然失业率，因此，自然失业率也就是充分就业时的失业率。可以用各种政策降低自然失业率，例如，设立就业机构帮助失业者尽快找到工作，给劳动者以职业培训使他们能找到更好的工作，改革社会保障，减少对就业的不利影响，等等。但不可能消灭自然失业，托宾所说的肯尼迪政府时的 4％失业率就是当时确定的自然失业率。把失业率保持在这个水平也就实现了充分就业。

一个社会要消除的失业是**周期性失业**。周期性失业是由于总需求不足所引起的失业。因为总需求的变动有周期性，这种失业也表现出周期性，因此称为周期性失业。可以用总需求—总供给模型来解释周期性失业。如前所述，只有在总需求与短期总供给决定的均衡 GDP 与潜在 GDP 相等时，经济中才实现了充分就业。这时的总需求是充分就业的总需求。如果实际总需求小于充分就业总需求，均衡的 GDP 就小于潜在 GDP，一些资源，包括劳动力在内得不到充分利用，就会出现周期性失业。凯恩斯解释周期性失业的原因时强调了边际消费倾向递减引起的消费不足，以及资本边际效率（资本未来的利润率）递减和利率不能无限下降（心理上的流动偏好）引起的投资不足。现代经济学家认为，消费是稳定的。在国内，引起总需求不足的原因主要是投资不足，在国际上，引起一国总需求不足的原因主要是出口减少。一个经济要实现充分就业就必须满足周期性失业。这也是各国经济政策的重要目标之一。

失业的存在对个人是人力资本的浪费和收入减少，也成为各种社会问题的来源。从经济的角度看，失业意味着资源没有得到充分利用，是实际 GDP 的减少。美国经济学家阿瑟·奥肯研究了美国失业率与实际 GDP 增长率之间的关系，他得出的结论是：失业率每上升一个百分点，实际 GDP 的增长率下降 2 个百分点，这个结论被称为**奥肯定理**。奥肯定理说明了失业给实际 GDP 增长所带来的损

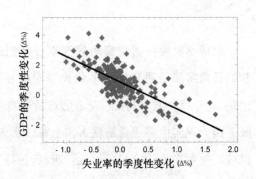

奥肯定律解释了失业率与 GDP 增长率之间的函数关系

失,而且,根据 50—60 年代的数据估算出了这两者之间的数量关系。尽管对这种估算有不同看法,但这一定理仍受到重视。

2 "多磨一点鞋底"

通货膨胀是物价总水平的持续上升(相反,物价总水平的持续下降就是**通货紧缩**)。在法定货币流通的情况下,货币供给没有物质限制,通货膨胀成为各国都存在的现象,因此,通货膨胀是宏观经济学研究的主要问题之一。

通货膨胀的严重程度是根据通货膨胀率来确定的,通货膨胀率可以根据物价指数来计算。年通货膨胀率=今年的物价指数-去年的物价指数/去年的物价指数。例如,假设 2000 年物价指数为 165,1999 年物价指数为 150,则 2000 年的通货膨胀率为:(165-

150)/150＝10％。

经济学家根据通货膨胀的严重程度把通货膨胀分为三类。**温和的通货膨胀**是通货膨胀率低而稳定的通货膨胀。例如,美国 20 世纪 90 年代一直保持 2％左右的通货膨胀率就属于温和的通货膨胀。因为现实中零通货膨胀事实上难以实现,而且即使实现了也要以较高失业率为代价,并不合适,所以,保持温和的通货膨胀也就实现了物价稳定。**加速的通货膨胀**是通货膨胀率较高且不断加剧的通货膨胀。例如,我国 20 世纪 80 年代出现的 10％以上且每年加剧的通货膨胀就属于加速的通货膨胀。如果每个月的通货膨胀率高达 50％以上,这就是**超速通货膨胀**了。这种通货膨胀会引起一个国家金融体系,甚至经济崩溃。玻利维亚在 20 世纪 80 年代、南斯拉夫在 20 世纪 90 年代后期都出现过这种通货膨胀。俄罗斯和东欧国家在经济转型过程中也出现过这种通货膨胀。

通货膨胀对经济的影响在很大程度上取决于人们是否可以预期。如果人们预期的通货膨胀率与实际发生的通货膨胀率(通货膨胀的预期值与实际值)一致,这种通货膨胀就是可预期的,如果人们预期的通货膨胀率与实际发生的通货膨胀率不一致,这种通货膨胀率就是不可预期的。

可预期的通货膨胀发生时会引起人们的不方便,尤其是人们减少持有的现金量,更多地存入银行,这就是要多往银行跑几次,浪费了时间。这种影响被形象地说成要"多磨一点鞋底",所以称为皮鞋成本。此外,企业要改变价格,印刷新的产品价目表,这就增加了成本,产生菜单成本。在这种通货膨胀发生时,如果实行工资指数化,即随通货膨胀率调整名义工资,还会产生通货膨胀税,因为这时起征点和税率都是按名义工资调整的。例如,起征点为1000元,1000元以上部分按10%征收所得税。名义工资为1000元时不交税。如果发生了通货膨胀,通货膨胀率为10%,名义工资调整为1100元,这时超过1000元的100元征收10%的税,即10元。工人的实际工资减少了10元,这10元被政府以通货膨胀的形式拿走了,称为通货膨胀税。可预期的通货膨胀尽管也有这些不利影响,但总体上对经济的不利影响并不大,因此,人们可以根据通货膨胀预期值调整自己的经济行为,抵消这些影响。

不可预期的通货膨胀通常指**加速的通货膨胀**,这时如果通货膨胀的实际值大于预期值,对工人和企业而言,工人受害而企业获益。因为这使工人的实际工资减少而企业的实际利润增加。比如,预期通货膨胀率为5%,实际通货膨胀率为10%,假定工人名义工资为1000元,按5%通货膨胀的预期名义工资增加为1050元。但实际在通货膨胀率为10%时,名义工资应该为1100元才能保持实际工资不变,名义工资为1050元时,工人没有得到的50元就变成了企业利润。同样,对债务人和债权人而言,也使债务人获益而债权人受损失。仍用通货膨胀预期值为5%,实际值为10%的例子。债务人和债权人按通货膨胀预期值签订借贷合约。假设实际利率为5%,在考虑到通货膨胀预期值为5%时,名义利率确定为10%,但在通货膨胀率实际值为10%时,实际利率成为零,债务人实际未支

　　南斯拉夫在 1993 年和 1994 年通货膨胀极端严重时期
印制的面值巨大的钞票样本

付利息,债权人受损失。这两种情况都引起收入与财富的任意
分配。

　　曾有些经济学家认为,通货膨胀对经济发展有某种刺激作用。
通货膨胀税可以增加财政收入,用于有利于经济发展的基础设施建
设。不可预期的通货膨胀引起有利于企业不利于工人的收入分配
变动也会刺激生产。但多数经济学家现在认为通货膨胀弊大于利。

在市场经济中,价格是表示资源稀缺程度的信号,通货膨胀使价格扭曲了资源稀缺状况,引起市场机制不能正常发挥作用。在不可预期的通货膨胀下,经济中的不确定性加大,风险增加,债权人不愿贷款,长期投资减少。而且,如果想利用通货膨胀刺激经济,将使通货膨胀失控,甚至会引起超速通货膨胀,使经济崩溃。因此,现在许多国家都把稳定物价作为宏观经济政策的重要目标。

经济学家对通货膨胀的原因做出了多种解释,最重要的是**需求拉上理论和成本推动理论**。这两种理论用总需求—总供给模型解释通货膨胀的原因。

需求拉上理论用总需求的增加来解释通货膨胀。这就是说,如果总需求的增加大于总供给,或总需求的增加快于总供给的增加,就会由于总需求拉上而产生通货膨胀。这种通货膨胀的产生又分两种情况。一种情况是当经济中未实现充分就业(或未达到极限)时,总需求增加首先引起物价上升,即首先引起通货膨胀,然后物价上升刺激生产,引起实际 GDP 增加。这种通货膨胀是由于总需求增加快于总供给。另一种情况是当经济中实现了充分就业(或达到极限)时,总供给无法增加,总需求增加大于总供给,只会引起通货膨胀而实际 GDP 不会增加。

供给推动理论用生产成本的增加解释通货膨胀,又称成本推动理论。成本增加使短期总供给曲线向上移动(在物价水平不变时,总供给减少),这样,就发生了通货膨胀。成本增加的原因可能是工资增加或原材料涨价(例如 20 世纪 70 年代石油价格上升)。

产生于总需求或总供给的通货膨胀也会相互加强使通货膨胀加剧或持续。此外,惯性和人们的预期也会使通货膨胀持续。因为当现实中发生了通货膨胀时,通货膨胀往往有一种惯性或者人们对通货膨胀的预期难以改变,这样他们根据通货膨胀预期行事就会使通货膨胀持续下去,即使最初引起通货膨胀的原因消失,通货膨胀也仍会持续相当一段时间。例如,假设由于总需求增加发生了5%的通货膨胀,人们预期这种通货膨胀会持续下去,并按这种预期调整工资或借贷合约的利息。这样,下一年即使总需求回到原来水平,由于这种预期引起的行为,5%的通货膨胀仍会持续下去。

通货膨胀的另一个重要原因是货币量的增加。美国经济学家弗里德曼强调"通货膨胀无论何时何处总是一种货币现象",就是把通货膨胀归结为货币量增加。从长期来看,货币量决定物价水平,货币供给增长率决定通货膨胀率。在短期中,货币量也是引起通货膨胀的重要原因之一。货币量增加引起总需求增加,从而就成为通货膨胀的源泉。当然,短期中货币量增加率与通货膨胀率并不是同比例的,但也是同方向变动的。此外,超速通货膨胀的原因只能是货币量的大量迅速增加,货币量大量迅速增加的原因往往是巨大的财政支出和财政赤字。

3 你不能永远欺骗所有的人

失业与通货膨胀之间到底存在什么关系? 围绕这个问题的争

论成为宏观经济学的重要议题之一。

1957 年新西兰经济学家菲利普斯根据英国近 100 年的资料做出了一条表示通货膨胀与失业之间关系的曲线。这条曲线表明,失业与通货膨胀之间存在一种交替关系,即通货膨胀率高时,失业率低;通货膨胀率低时,失业率高。这条曲线就是经济学中著名的**菲利普斯曲线**。

20 世纪 60 年代初,美国经济学家萨缪尔森和索洛根据美国的资料证明了菲利普斯曲线所表示的关系在美国同样存在,并根据这种关系来指导宏观经济政策。这就是说,在失业率低而通货膨胀率高时,采用紧缩性财政与货币政策,以较高的失业率换取较低的通货膨胀率;反之,在失业率高而通货膨胀率低时,采用扩张性财政与货币政策,以较高的通货膨胀率换取较低的失业率。这样,可以把通货膨胀率和失业率控制在社会可接受的水平之内。

但是,70 年代高通货膨胀与高失业并存的滞胀打破了菲利普斯曲线的结论,这就引起对菲利普斯曲线的重新解释。货币主义者美国经济学家弗里德曼和费尔普斯根据**适应性预期**重新解释了菲利普斯曲线。他们认为,菲利普斯曲线的严重缺点在于没有考虑到人们的预期形成,而预期对经济有重要影响。他们引入了适应性预期,这就是说,人们的预期会发生失误,但他们会根据过去的失误来纠正未来的预期,使预期值与实际值最初一致。当用适用性预期解释菲利普斯曲线时,短期与长期情况是不同的。

在短期中,当政府采用扩张性财政与货币政策刺激经济时,发生通货膨胀,人们未能预期到,通货膨胀的预期值小于实际值,他们对此未做出反应,从而实际工资下降,实际利润增加,企业增加生产和雇用的工人,失业率暂时下降,因此,在短期中存在菲利普斯曲线所表示的关系。但在长期中,人们会调整自己的预期,使通货膨胀的预期值与实际值一致,并对此做出反应要求提高工资,实际工资恢复到原来水平,企业又减少生产减少工人,失业率回到原来水平,通货膨胀提高并没有降低失业率,因此,长期中并不存在菲利普斯曲线所表示的关系,即失业与通货膨胀之间无关。

在此基础上弗里德曼提出了**自然率假说**,即长期中失业率处于自然失业率水平,这个水平是由制度等因素决定的,与通货膨胀无关。弗里德曼还强调,尽管短期中存在菲利普斯曲线所表示的关系,但如果要利用这种关系,由于人们预期的通货膨胀率上升,原来的短期菲利普斯曲线向上移动,菲利普斯曲线变为长期状况,短期菲利普斯曲线关系消失,所以,即使在短期中也不能利用菲利普斯曲线所表示的关系来调节经济。经济应该由市场来调节,政府用宏观经济政策调节经济只会提高人们的通货膨胀预期,无助于失业而加剧了通货膨胀。

理性预期学派对菲利普斯曲线的解释比货币主义又进了一步,他们依据的预期是**理性预期**,即人们可以根据他们所得到的全部信息,做出正确的预期。这就是说,预期值与实际值总是一致的。根据这种假设,当政府用通货膨胀的方法降低失业时,人们会提前预期到,并采取相应对策,从而即使在短期中也不会存在菲利普斯曲

线所表示的关系。这就是政策无效论。他们指出，只有政府以随机
的方式采用通货膨胀方法使人们无法按已有信息预期，政策才会暂
时起作用，减少失业。但这种欺骗的做法难以长久，因为有谚语说：
"你可以在一时欺骗所有人，也可以永远欺骗一些人，但不能永远欺
骗所有人。"用骗人的方法减少失业最终会引起更大的经济灾难。

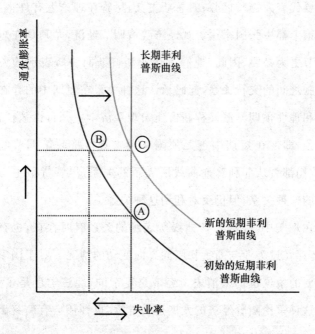

　　采取扩张性财政与货币政策之前和之后的短期菲利普斯曲线与长
期菲利普斯曲线（NAIRU）。但是，请注意，从长期来看，失业率对通货
膨胀的预测并不准确。

80 年代之后出现的新凯恩斯主义认为,短期中存在菲利普斯曲线所表示的关系,因此,在短期中利用宏观经济政策是有效的;但在长期中并不存在这种关系,长期中也不能用政策来调节经济,经济要依靠市场来调节。

围绕菲利普斯曲线的争论实际涉及国家是否应该干预经济这个重大问题。从凯恩斯主义到新古典综合派(萨缪尔森和索洛就是其主要代表人物)再到新凯恩斯主义,尽管在理论上有许多发展,但在政策上都主张国家用宏观经济政策调节经济,尤其是在短期中这种调节更为必要,因此,他们承认菲利普斯曲线所表示的失业与通货膨胀之间的交替关系,起码承认这种关系在短期中的存在。货币主义和理性预期学派又称新古典宏观经济学主张自由放任,反对国家干预,即使在短期中也无须国家用宏观经济政策调节经济。这样,他们都否认菲利普斯曲线所表示的关系,尽管货币主义承认短期中的这种关系,但仍反对利用这种关系。

在现实中,菲利普斯曲线所表示的关系有时存在,也有时不存在,还存在过失业与通货膨胀同方向变动的情况。对于国家干预是否必要的争论也仍未消失。经济是复杂的,经济学也是多元化的,看来这种争论随着经济的发展还会继续,也许还会有新突破。经济学总是常变常新的。

经济周期的理论与实践

经济周期是国内生产总值、总收入、总就业量的波动，持续时间通常为 2—10 年，它以大多数经济部门的扩张或收缩为标志。

——保罗·萨缪尔森

保罗·萨缪尔森(Paul A. Samuelson,1915—2009),当代最知名的经济学家。被称为经济学中"最后一个通才"和当代经济学的"掌门人",1970年获诺贝尔经济学奖。他的《经济分析的基础》是经济学中里程碑式著作,畅销全球的《经济学》教科书是许多经济学家成功的起点。

　　经济中上升与下降的周期性波动是市场经济中固有的现象。世界上第一次过剩性危机于 1825 年发生于英国。早在 1860 年,法国经济学家朱格拉就系统地研究了这种现象,提出了为期 10 年左右的中周期理论。马克思着重研究了经济周期中的危机阶段,称之为"社会瘟疫"。现代经济学家则从整个周期的角度对此提出了种种解释,成为现代经济周期理论。研究宏观经济不能不研究经济周期,正是在这种意义上,美国经济学家托宾把经济周期和经济增长并列为早期宏观经济学的两个中心议题之一。

　　但是战后经济周期与战前的经济周期有了显著的不同。这些特点是什么?经济学家如何解释经济周期的存在及新特征?这正是本章的主题。

1 "马鞍形"的经济周期

历史上发生过许多次经济周期,直至今日经济周期也并没有消除。每次经济周期的时间长短、严重程度、引发诱因、所引起的社会影响等都不一样,但经济周期作为一种经济现象有一些值得注意的共同规律。

经济周期表现为整个经济的波动,反映在国内生产总值、投资、就业、利率、汇率、贸易量、资本流动、国际收支等各个方面,但其中心始终是国内生产总值的波动。其他经济变量都围绕这一中心变动,所以,确定经济周期时依据的唯一标准是国内生产总值。经济波动实质上是实际国内生产总值与潜在国内生产总值(经济长期增长趋势)之间的背离。这两者之间的背离程度越大,经济周期就越严重。

每一个经济周期都可以分为上升与下降两个阶段。上升阶段也称为繁荣,其最高点称为顶峰。这时经济达到最高涨时,实际国内生产总值大于潜在国内生产总值,物价上升。但顶峰也是经济由盛转衰的转折点。此后经济就进入下降阶段,下降阶段也称为衰退,如果衰退严重则经济进入萧条,衰退的最低点称为谷底。这时经济达到最低时,实际国内生产总值小于潜在国内生产总值,物价下降。但谷底也是经济由衰转盛的转折点。以后经济又进入上升阶段。从一个顶峰到另一个顶峰,或从一个谷底到另一个谷底,就

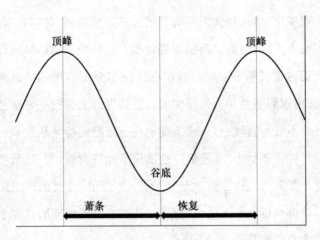

经济周期的阶段性特点

是一次完整的经济周期。

　　在经济周期中变动最快的是货币与金融市场。我们从衰退开始分析。在顶峰时经济活动高涨，因此，衰退开始于利率上升时，一旦衰退已经开始，则利率开始下降，但经济达到谷底时，利率往往低到低于衰退开始时的水平。利率先上升而下降成为近年来衰退的一个规律，这是因为衰退开始于利率高的顶峰，而衰退中的实际GDP 减少引起利率下降，这种利率降到一定程度才会刺激经济复苏。衰退本身是投资减少引起的总需求与实际 GDP 减少，投资是经济周期的关键。在整个经济周期中，消费的稳定性有减少波动程度，尤其是衰退程度的作用。这是经济周期中表现出的带有规律性的特征。

在现实中，每次经济周期的形式并不完全相同，时间长短不同，严重程度也不同，但每次周期都表现出上述特征，这就说明，经济周期与衰退的出现是正常的。当市场经济完全由市场机制自发调节时，经济出现周期性变动是正常的。正如世界上任何一种事情的发生发展都不会呈直线一样，经济也不会一直稳定持续地发展。马克思把发展规律概括为"马鞍形"，也适用于经济发展，所以，研究经济周期时不能孤立地抓住其中某一阶段（如衰退，或衰退严重的萧条阶段），并由此得出什么结论，而应该从整个经济周期的角度来说明经济变动的规律及特点。

如前所述，经济学家早就开始研究经济周期问题，并根据统计资料把经济周期分为**中周期**、**短周期**和**长周期**。1860 年法国经济学家朱格拉根据生产、就业、物价等指标确定了为期 9—10 年的中周期。1923 年，英国经济学家基钦根据英美的物价、银行结算、利率等指标确定了为期 3—4 年的短周期。1925 年，俄国经济学家康德拉季耶夫根据美、英、法等国 100 多年物价指数、利率、工资率、对外贸易量、煤铁产量与消耗量等变动，确定了 50—60 年的长周期。1930 年，美国经济学家库兹涅茨还根据美英等国的长期资料确定了平均 20 年左右、与建筑业相关的长周期。美国经济学家熊彼特在 1939 年出版的巨著《经济周期》中对这些周期进行了综合分析，他认为，这些划分并不矛盾，大体上一个长周期包括 6 个中周期，一个中周期包括 3 个短周期。应该说，这些经济学家的种种划分尽管依据的标准不同，但大体上反映了二战前经济周期的特征。

《哈珀斯周刊》的这幅插图描绘了 1884 年 5 月 14 日
上午陷入金融危机恐慌的华尔街的景象

在二战之后,经济周期出现了一些新特征,这些特征反映了战后市场经济的一些新特征。首先,战后总体上没有出现过严重的衰退,类似20世纪30年代大萧条那样的情况从未出现过。尽管也出现过许多次衰退,但并不严重。其次,繁荣的时间延长了,而衰退的时间缩短了。像20世纪90年代克林顿当政时代的长期繁荣是历史上没有过的,但衰退往往会在几个月或1—2年中过去。第三,无论是繁荣还是衰退都没有以前那样严重,因此,总体波动程度变小了。甚至有的经济学家认为,经济周期现象已经消失了。当然,这种经济周期消失论并没有被普遍接受,但都承认波动的程度的确比战前小多了。最后,各国之间的经济周期联系更为密切,尤其是美国这样的主要国家对全世界的经济波动有更大的影响,这反映了世界经济的一体化。

经济学家对战后经济周期的这些新特征有不同的解释。但大多数经济学家认为,这与战后科学技术发展和国家对经济生活的干预相关。

2 国家干预经济的合理性依据

经济学家根据经验事实和统计资料所归纳出的经济周期特点与规律仅仅是对现象的描述,而更重要的是探讨经济中周期性波动的原因,以便减缓经济波动的程度。对经济周期原因的研究是经济周期理论的中心。

自从 19 世纪中期以来,经济学家提出的经济周期理论有几十种之多,概括起来可以分为**内生经济周期理论**与**外生经济周期理论**两大类。内生经济周期理论在经济体系之内寻找经济周期性波动的原因,认为经济周期产生于市场机制调节的不完善性,是市场经济中一种正常的现象。这种理论也并不否认外部冲击对经济周期的影响,但强调外部冲击仅仅是诱因,这些冲击通过经济体系内的因素和机制才能导致周期性波动。外生经济周期理论认为市场机制的调节是完善的,引起经济周期性波动的原因在于来自经济体系之外的冲击。如果没有外部冲击,经济周期不会发生,但外部冲击是难以避免的,这正是经济周期成为市场经济中一种正常现象的原因。

在凯恩斯主义出现之前,内生经济周期理论或者认为是银行货币与信用的交替扩大与收缩引起周期性波动(纯货币周期理论),或者认为是过度投资引起了繁荣与萧条的交替(投资过度理论),或者认为是人们乐观或悲观的预期引起周期性波动(心理周期理论),等等。

凯恩斯主义强调的是总需求分析,认为引起经济周期的是经济体系内的总需求变动,以总需求为中心分析经济周期是凯恩斯主义内生经济周期理论的特征。他们进一步指出,在总需求中,消费占的比例最大(三分之二左右),但消费是稳定的,引起经济周期的不是消费的变动而是投资的变动。

在许多国家中,投资在总需求中占的比例不超过 20%。但投资受多种因素影响,波动甚大,成为经济波动的主要原因。换言之,经济繁荣往往是投资扩大引起的,经济衰退也是投资减少引起的。投资的变动主要产生于利率和预期的变动,利率上升引起投资减少,利率下降引起投资增加;乐观的预期引起投资增加,悲观的预期引起投资减少。正是以投资变动为中心的总需求变动引起实际 GDP 变动和周期性波动。用投资来解释经济周期的著名理论是**乘数—加速原理相互作用理论**。

如前所述,乘数原理说明投资增加对实际 GDP 的影响,投资增加(即总需求增加)所引起的实际 GDP 增加的倍数称为**乘数**。加速原理说明实际 GDP 增加对投资的影响,实际 GDP 增长率引起的投资增长率的倍数称为**加速数**。这两个原理说明了投资变动与实际 GDP 变动之间的相互关系,从而可以解释以实际 GDP 波动为中心的经济波动如何在经济体系内自发地产生。

我们从经济繁荣开始来说明投资如何引起经济波动。假设由于某个原因(中央银行降低利率、创新或人们对未来预期的乐观)引起经济中投资增加。这种投资增加通过乘数效应使实际 GDP 成倍增加,经济走向繁荣。实际 GDP 增加又刺激了投资增加,使投资成倍增加。投资与实际 GDP 通过乘数与加速原理的作用相互加强,经济繁荣达到顶峰。

但经济并不会这样一直持续繁荣下去。实际 GDP 的增加总有一个极限,经济增长不可能突破这个极限。这个极限的大小是由一个经济所拥有的资源和技术水平决定的。这就是说,实际 GDP 的增加可以在短期内高于潜在 GDP 的水平,但这种状态也有极限,并不可能持久。当经济达到这种极限的顶点(即经济周期中的顶峰)时,物价上升,经济过热,人们对未来的预期会从极度乐观转向悲观。无论是由于资源的短缺,货币紧缩,还是由于人们的预期转向悲观,迟早会发生投资减少。乘数和加速数都是"双刃剑",即作用是双向的。投资减少引起实际 GDP 成倍减少,实际 GDP 减少又引起投资加倍减少,这样,经济就进入衰退阶段。同样,投资与实际 GDP 通过乘数与加速原理的反方向作用相互加强,经济衰退会进入萧条,达到谷底。

当然,经济也不会一直衰退下去,或长期停留在谷底。经济衰退时,利率下降,这会刺激投资,于是经济走出谷底,又进入繁荣,开始一轮新的经济周期。

乘数—加速原理相互作用理论说明了投资和实际 GDP 是相互影响的,它们由经济中的各种因素影响,如果让市场机制自发调节,投资与实际 GDP 的波动都是难免的、正常的,其中起关键作用的是投资,因此,经济中周期性波动也是正常的,要减少波动程度就要求助于政府宏观经济政策的调节。战后经济周期的波动小于战前,没有出现像 20 世纪 30 年代那样严重的大萧条正是政府调节经济的结果。

许多经济学家都把总需求变动作为经济周期的中心,但对引起总需求变动的原因解释并不相同。围绕 20 世纪 30 年代大萧条原因的争论正说明了这一点。一种观点认为,引起大萧条的总需求减少源于悲观情绪与不确定性引起的投资减少。20 世纪 20 年代的经济繁荣是由于住房建筑高涨、新工厂建立这类投资的迅猛增加。但这些年份也充满了不确定性,这种不确定性在国际上产生于国际贸易格局变化(英国衰落和德国与日美的兴起)、国际通货波动以及各国的贸易保护政策;在国内产生于没有一个人相信繁荣会持续下去,但繁荣在何时,以何种方法结束并不确定。这种不确定性滋生了悲观情绪,引起消费与住房购买减少。1929 年纽约股市崩溃加剧了这种不确定性与悲观情绪,投资急剧减少,建筑业几乎消失。这是这种投资的崩溃引起的大萧条。这种看法是美国经济学家彼特·蒂米提出的,代表了凯恩斯主义的观点。

货币主义者弗里德曼和安娜·施瓦茨也承认总需求减少是引起大萧条的原因,但他们强调引起总需求减少的关键是货币供给量的减少。在大萧条时,美国名义货币供给量减少了 20%。这种减少并不是中央银行基础货币的减少,而是银行破产引起的存款减少。在经济极度繁荣时,银行发放了大量不可靠的贷款,股市崩溃和经济衰退使债权人无法偿还贷款,这就引起银行破产。银行破产不仅使企业金融困难,以致破产,而且使利率急剧上升,进而又减少了投资,所以,引起投资和总需求减少的原因在于货币因素。

新凯恩斯主义同样把经济周期的原因归结为内在的,但所强调的是市场机制本身的不完善性。这就是说,如果市场机制能像新古典经济学家所描述的那样运行,则实际 GDP 总处于充分就业的水

1931年，美国经济大萧条时期，愤怒的人群聚集在宣告破产的美国银行门前。

平，经济中不会有波动。但现实的市场经济并不像理论上描述的那样理想，短期中会出现市场非出清状态，即没有实现充分就业均衡。当实际 GDP 与潜在 GDP 不一致时，经济或者过热或者衰退，这就是经济的波动。这样，新凯恩斯主义就从微观经济的角度解释了宏观经济波动。

　　新凯恩斯主义者认为，市场经济在短期中的不完善表现为粘性价格、粘性工资和信贷配给。粘性价格指在物品市场上价格的变动慢于供求的变动。这样，价格的调节就不能保证物品市场的及时均衡。菜单成本论、交错调整价格论(认为企业不是同时调整价格,使价格变动慢于供求变动)等理论解释了价格粘性。粘性工资指在劳动市场上工资的变动慢于供求的变动。这样,工资的调节就不能保证劳动市场上的及时均衡。长期劳动合约论、效率工资论等理论解释了工资粘性。信贷配给指在不对称信息的信贷市场上,由于道德风险(债权人拖欠债务的风险)和逆向选择(高利率使风险高的债权人增加),利率并不是调节信贷平衡的唯一手段。银行会根据债务人的信誉度来有选择地发放贷款,而不是只贷给愿出高利率者。这样,利率的调节也不能保证借贷资金市场的及时均衡。市场机制的调节不能保证永远实现充分就业均衡,这就必然出现周期性经济波动。

总之,内生经济周期理论强调市场机制调节的不完善性是经济中出现周期性波动的原因,这就成为国家干预经济的理论依据。

3 来自外部的冲击

外生经济周期理论强调外部冲击是引起经济中周期性波动的关键因素。20世纪早期,瑞典经济学家卡塞尔和德国经济学家用新发明、新市场开辟等非经济因素说明投资增加引起经济结构失调和波动,称为非货币投资过度理论,属于外生经济周期理论。英国经济学家杰文斯父子用太阳黑子的爆发解释周期性波动的太阳黑子论,美国经济学家熊彼特用创新解释经济波动的创新周期理论,都属于外生经济周期理论。

自从凯恩斯主义出现之后,外生经济周期理论衰落了,但20世纪80年代之后**实际经济周期理论**的出现使外生经济周期理论又得以复兴。

提出实际经济周期理论的经济学家属于反对凯恩斯主义国家干预的新古典宏观经济学。他们认为,货币在经济中是中性的,即只影响名义变量(价格、名义利率等),而不影响实际变量(产量、就业等)。以实际GDP波动为中心的经济周期不会是货币引起的,是实际因素所引起的。同时,他们坚持新古典经济学的市场出清假说,即市场机制调节可以自发地实现供求均衡与充分就业。换言之,在市场机制调节之下,经济的运行是正常的,不会有什么因素引起经济中的周期性波动。这样,经济波动的原因就来自经济体系外部的实际因素,即来自外部的冲击。正是这种来自外部的冲击破坏了市场机制的调节作用和经济运行的正常状态,引起周期性波动。

传统经济周期理论都认为经济波动是实际GDP与潜在GDP的背离。潜在GDP是GDP的自然率,即正常情况下的GDP增长率,因此,经济波动是GDP对其自然率的背离。根据这种观点,自然率是稳定的,实际GDP是波动的。实际经济周期理论的经济学家研究了美国的资料,发现存在GDP随机游走的现象。这种GDP的随机游走就构成周期性波动。他们提出,实际GDP的波动是其自然率的波动,而不是实际GDP与其自然率的背离。引起自然率波动的正是来自经济体系之外的真实冲击。

　　来自外部的冲击既有对总需求的冲击,也有对总供给的冲击,
还有对这两者的冲击。这些冲击既有有利的冲击引起经济繁荣,如
技术进步,资本和劳动质量的提高;也有不利的冲击引起经济衰退,
如自然灾害、政治动乱、石油价格上升、政府政策失误、国际经济中
的不利变动(东南亚金融风波)。这些冲击是引起波动的直接原因,
它通过经济体系内的传导机制而引起波动本身。

　　1970 年代,由第四次中东战争触发的石油危机对发达
国家的经济造成了严重的冲击。在这场危机中,美国的工业
生产下降了 14%,日本的工业生产下降了 20% 以上,所有工
业化国家的经济增长都明显放慢。图为 1974 年美国雕刻和
印刷局印刷的汽油配给邮票,但没有投入使用。

我们以技术进步的冲击来说明经济波动的发生。实际经济周期理论强调技术进步的本质在于不稳定性。这就是说,技术不是以一种不变的比率在进步,而是有技术发生突破性进步的时期,也有进步缓慢甚至停滞的积累时期。技术进步影响生产率和潜在GDP,技术进步的不稳定性使生产率增长和潜在 GDP 增长也是不稳定的,这就形成经济中的周期性波动。

假设技术进步发生了一次重大突破(例如,个人电脑的出现与普及),提高了生产率,并引起投资增加,这就使经济的生产能力大幅度提高,潜在 GDP(即 GDP 的自然率)提高,引起经济繁荣。但当这种技术突破普及之后,生产率保持不变,投资无法再增加,经济就表现出衰退(与繁荣时相比)。有一次重大的技术突破,不可能连续有若干次技术突破。技术进入积累时期,对经济不再有这种刺激性作用,只有在下一次技术突破时才会出现繁荣。技术总是间断地出现突破,经济中繁荣与衰退的交替也就成为正常的。

在经济中技术突破是通过市场机制的调节作用而引起波动的,其传导机制的作用在于市场机制的完善性。在市场经济中,人是理性的,以个人效用的最大化为目标,从而能根据相关信息做出理性决策。当出现一种重大的技术突破时,人们会迅速抓住这个机会,进行投资。因为市场机制是完善的,价格具有完全伸缩性,会及时做出反应。投资增加引起投资品价格上升,投资品生产部门生产增加。这种刺激最终在经济中扩散,带动了经济发展,并由于价格的调节在新的水平时实现了充分就业均衡。这时生产率提高,潜在

GDP 达到更高水平,经济进入繁荣。

在实际经济周期理论中,价格和工资是完全有伸缩性的,这就保证了物品与劳动市场的均衡。在劳动市场上工资完全有伸缩性保证了均衡的一种机制是劳动与闲暇的跨时期替代。这就是说,劳动者作为理性人会对实际工资的变动做出及时的反应。当实际工资较高时,他们用劳动替代闲暇;当实际工资较低时,他们用闲暇替代劳动。劳动者根据他们的偏好和能够得到的机会选择失业(闲暇)和就业(劳动)。劳动者把技术进步的冲击作为暂时的,认为实际工资的上升也是暂时的,这就引起他们用工作代替闲暇,使劳动供给增加,适应了经济繁荣的需要。劳动市场的供求由于实际工资的调节仍然是均衡的,也实现了充分就业。

经济学家对于实际经济周期理论仍有争论,但这种理论强调了外部冲击的重要性,尤其是技术进步的作用,无疑是有意义的。

经济学家对经济周期的研究已经有一百多年了,但至今也没有一致的结论。经济周期的特点在变,经济周期理论也在变。

宏观经济政策

利用无形货币的私人企业经济需要被稳定、能够被稳定，从而应该借助于适当的财政货币政策来加以稳定。

——弗朗科·莫迪利安尼

　　弗朗科·莫迪利安尼(Franco Modigliani,1918—2003),著名的凯恩斯主义经济学家,1985年获诺贝尔经济学奖。他在消费函数理论和企业金融理论两个不同领域都做出了开创性贡献。作为凯恩斯主义者,他主张国家干预经济,我们所引用的这段话代表了他的这种思想。

人们把价格称为调节经济的"看不见的手"，把政府对经济的调节称为"看得见的手"。政府对经济的调节包括微观经济政策和宏观经济政策。宏观经济政策以宏观经济理论为依据，通过对经济总量的调控来实现整体经济的稳定。尽管凯恩斯在 20 世纪 30 年代就提出了国家干预经济的主张，但各国政府自觉而普遍地运用宏观经济政策来稳定经济是在二战之后。综观战后国家干预经济的历史，尽管也有许多失误，引起过不少问题，但国家对经济的调节仍然是利大于弊，与战前相比，战后的经济更为稳定与繁荣，这部分要归功于国家的宏观经济政策。研究宏观经济政策成为宏观经济学的一个主要内容，甚至已经形成了较为独立的宏观经济政策学这门学科。我们就以宏观经济政策作为宏观经济学部分的结束。

1 "逆经济风向行事"

宏观经济政策的总目标是实现整体经济稳定。就国内而言,经济稳定包括充分就业、物价稳定、减缓经济周期以及经济增长。就国际而言,还应包括汇率稳定和国际收支平衡。这里我们重点介绍国内的目标,国际目标将在以下的国际经济学部分介绍。

充分就业并不是人人都有工作,实现充分就业是消灭总需求不足引起的周期性失业,但仍然存在自然失业。各国根据自己的实际情况确定自己的自然失业率,只要失业率降至这个自然率,就是实现了充分就业。在充分就业这一问题上,经济学家的争论在于自然失业率有多高,以及如何确定。

对于什么是物价稳定,经济学家的认识是有分歧的,一些经济学家认为,物价稳定就应该实现零通货膨胀率,这种状况最有利于经济发展。另一些经济学家认为,物价稳定并不是零通货膨胀率,而是保持一种温和的通货膨胀,即低而稳定的通货膨胀。因为实现零通货膨胀率要付出的代价太高,而且温和的通货膨胀还可以作为一种润滑剂有利于经济更好地发展。在现实中各国都关注物价稳定,但目标并不是零通货膨胀,而是低而稳定的通货膨胀。例如,美国 20 世纪 90 年代克林顿政府时期年通货膨胀率保持在 2% 左右,就被认为是实现了物价稳定。还应该指出,实现物价稳定不仅要消除通货膨胀,而且也要防止通货紧缩,因为通货紧缩同样不利于经济正常运行。

经济周期是经济中一种难以克服的现象,繁荣与衰退的交替不可避免。经济政策的目标不是消灭这种周期性波动,而是使其波动的程度减小。这就是说,在经济繁荣时,政策应不使这种繁荣成为过热,以免引发通货膨胀加剧的压力;在经济衰退时,政策应尽快结束这种状况,以免使失业加剧。换言之,就是要减缓经济周期的波动幅度。

经济增长是一个经济长期潜力的提高,即潜在 GDP 的增加,这种增加要受到资源和技术状态的制约。各国都把增长作为目标,但这种增长不是越高越好,而是适度的增长率。这种增长率既要考虑到资源与技术的限制,又要考虑环境保护与生态平衡,实现可持续的增长。增长是一种长期目标,要从长期的角度来考虑。

这些宏观经济政策中在短期内最重要的是充分就业与物价稳定。正如我们在宏观经济理论中分析的,短期中决定宏观经济状况的是总需求与总供给,因此宏观经济政策工具应该是需求管理与供给管理。在现实中,各国也有降低自然失业率、刺激总供给的政策,但因为宏观经济调节更注重于短期问题,在短期中总需求更为重要,因此,宏观经济政策的重点是需求管理。

根据宏观经济理论分析,当总供给为既定,且实现了充分就业水平时,经济的状况就取决于总需求,因此,需求管理就是通过对总需求的调节,实现总需求与总供给相等,从而达到充分就业与物价稳定,当总需求小于总供给时,经济衰退,存在失业,这时就要采用刺激总需求的扩张性政策。当然需求大于总供给时,经济繁荣,存在通货膨胀,这时就要采用抑制总需求的紧缩性政策。需求管理的这种做法被称为:"逆经济风向行事"。

需求管理的工具主要是财政政策和货币政策,以下我们主要介绍这两种政策。

2 "自动稳定器"

财政政策并不是现代社会中才有的,只要有国家,就有财政政策。但在 30 年代凯恩斯主义出现之后,财政政策发生了质的变化。

只要有国家,有政府,就有许多必需的支出,传统财政政策的任务就是为政府的各种支出筹资,能够实现收支平衡则是财政政策的最高原则。在凯恩斯主义出现之后,为政府支出筹资仍然是财政政策的任务之一,但调节经济实现稳定成为财政政策的主要任务,财政政策就是运用政府税收和支出来调节经济。

政府的税收有多种多样,服务于不同目的,例如在美国社会保障税(工薪税)主要为社会保障提供资金,财产税和遗产税的目的是纠正收入分配不平等的状况,销售税更多的是为地方政府筹资。在各种税收中影响宏观经济状况的主要是**个人所得税和公司所得税**。**个人所得税**影响个人收入,从而影响消费。**公司所得税**影响公司收入，从而影响投资。这两种税收影响总需求。政府的支出中影响宏观经济的包括**政府购买**、**政府公共工程支出**和**转移支付**。政府购买影响私人投资，政府公共工程本身就是投资。转移支付是政府不以换取物品与劳务为目的的支出，例如，各种社会保障支出。转移支付影响个人收入，从而影响消费。

　　政府改变税收（提高或降低税率或改变税种）和支出来调节经济。在衰退时期，政府采用扩张性财政政策，即降低税率增加支出。减少个人所得税增加了个人税后收入，增加了消费；减少公司所得

现代政府的财政政策所应基于的政治理念——美国国会图书馆内的一幅壁画，一位智慧女神举着一块牌匾，上面刻着林肯总统的那句名言：A Goverment of the people by the people for the people（民有、民治、民享的政府）。

税增加了公司税后收入,增加了投资;增加政府购买刺激了私人投资;增加公共工程支出直接增加了投资;增加转移支付增加了低收入者的收入、增加了消费。这样,总需求增加使经济走出衰退。在繁荣时期为了防止经济过热引发通货膨胀,政府采用紧缩性财政政策,即增税与减少支出,其作用与减税和增加支出相反。

在实际运用中,财政政策作用的大小取决于**乘数效应**和**挤出效应**。无论是政府支出还是税收都会影响总需求,而总需求的变动对实际 GDP 有乘数效应,即实际 GDP 的变动要大于财政政策变动所引起的总需求变动。乘数效应的大小主要取决于边际支出倾向(即增加的支出在增加的收入中所占的比例)。乘数效应对财政政策的作用有放大作用。挤出效应是指政府支出的增加挤出了私人投资,这是因为政府支出增加了实际 GDP,实际 GDP 增加使货币需求增加,在货币供给不变的情况下,这就使利率上升,利率上升减少了私人投资,从而产生挤出效应。挤出效应对财政政策的作用有缩小作用。财政政策对宏观经济的整体影响取决于乘数效应和挤出效应。在一般情况下乘数效应大于挤出效应,因此,财政政策能起到调节经济的作用。

从现实情况来看,各国在运用财政政策时往往是紧缩性财政政策少,扩张性财政政策多。这是因为一来政府更多的时候是希望刺激经济较快地发展,二来是提高税收和减少支出在政治上有困难,容易招致反对。在采用扩张性财政政策时,税收减少而支出增加,必然引起财政赤字。政府为赤字筹资的方式是发行公债。但公债卖给谁,决定了筹资方式的不同。如果政府把债券卖给中央银行,称为**货币筹资**,因为中央银行要把政府债券作为准备金来发行货币,政府以这种货币来弥补赤字。这种做法等于增加流通中的货币量,从而会引发通货膨胀。美国 60 年代采用赤字财政刺激经济,赤字大量增加是引发 20 世纪 70 年代高通货膨胀的重要原因之一。但政府采用这种做法时可以不支付利息,从而减少了债务负担。如果政府把债券卖给个人与企业,称为**债务筹资**,等于政府向公众借债,债券就是借债的凭证。这时流通中的货币量不会增加,只是在政府与公众之间的再配置,因而不会直接引发通货膨胀。但政府要向公众还本付息,从而加重了财政债务负担。同时,由于把公众的部分支出转归政府,也会有挤出私人支出的作用。

凯恩斯本人是主张实行赤字财政的,认为这种做法有利于刺激经济,而且,因为债务人是政府、债权人是公众,两者根本利益一致,政府的信用保证了债务不会引起债务危机。但在 20 世纪 50 年代,各国对赤字财政仍持谨慎态度。美国在 20 世纪 50 年代仍奉行交替扩张与紧缩的补偿性财政政策,追求在较长时期中财政收支平衡。20 世纪 60 年代肯尼迪政府上台后才开始实行大规模的赤字财政政策。

对于赤字财政政策的是是非非,经济学家的意见也颇不一致。乐观者认为,赤字财政有利于刺激经济,经济发展,实际 GDP 增加也就是税基增加,从而赤字的偿还是有保证的。20 世纪 80 年代的供给学派就持这种观点,里根政府的大幅度减税计划正是以此为依据的。尽管这种赤字政策的确刺激了经济,但税收并没有像预期的那样大幅度增加,从而使赤字大大增加,因此,许多经济学家把供给学派经济学称为"伏都教(一种邪教)经济学"。他们认为,一方面赤字财政不可能总用债务筹资。因为公债发行过多会引起公众拒绝购买,以及政府债务过重,一旦转向货币筹资,就会引发通货膨胀。另一方面,从长期来看一国经济的增长取决于投资,投资来自储蓄,一国的国民储蓄等于私人储蓄与公共储蓄之和,公共储蓄就是政府财政盈余。赤字增加减少了公共储蓄和国民储蓄,对长期经济增长不利。何况运用赤字财政政策使一国债务负担沉重,引起财政困难,从而使经济陷入不断依靠赤字财政的恶性循环。正因为如此,20 世纪 90 年代克林顿政府把减少赤字、减少财政债务、实现当年财政收支平衡作为宏观经济政策目标之一。

现代大多数经济学家的共识是,赤字财政不是不可以用,尤其是在严重的衰退时期,用赤字财政来刺激经济尽快走出谷底也是必要的。但不能把赤字财政作为长期刺激经济的手段。从长期来看,经济还要力争实现收支平衡。

以上所介绍的财政政策是一种相机抉择的政策,即根据经济状况采用扩张或紧缩政策。这种政策要由政府与议会共同决定,是一种积极性政策。但财政政策由于本身的特点还有一种自发地根据经济形势调节的机制。这种不用政府相机抉择,可以自发地调节经济的机制称为**自动稳定器**。

属于财政政策自动稳定器的内容主要有个人所得税、公司所得税和转移支付。这些财政政策有固定的标准，这种标准并不随经济状况而变动，从而可以自发地调节经济。以个人所得税为例，有固定的起征点和税率。在经济繁荣时，人们的收入普遍增加，达到起征点的人和税率进入更高标准的人增加了，这就等于税收自动增加了。这种税收的增加无须政府采用任何措施，是自动发生的，但它有利于抑制收入和消费的增加，从而抑制了总需求的增加，有助于抑制经济过热，起到一定的稳定作用。相反，在经济衰退时，人们的收入普遍减少，达到起征点的人和税率降至较低标准的人增加了，这就等于税收自动减少了。这种税收的减少也无须政府采用任何措施，是自动发生的，但它有利于抑制收入和消费的减少，从而抑制了总需求的减少，有助于减少衰退的程度，起到一定的稳定作用。公司所得税也有固定起征点与税率，转移支付有固定的支付标准，也能像个人所得税一样自动起到稳定经济的作用。

当然，自动稳定器的作用是有限的，在经济繁荣时，它只能减少经济过热的程度，而不能改变过热的总趋势。同样，在经济衰退时，它只能减少经济衰退的程度，而不能改变衰退的总趋势。所以，仅仅依靠自动稳定器是不够的，尤其是在经济严重衰退和过热时，要较快地改变这种经济趋势还离不了相机抉择的财政政策。但许多经济学家还是相当重视财政政策的自动稳定器作用的。

3　格林斯潘的成功

我们在报纸上可以经常看到美联储主席格林斯潘宣布提高或降低联邦基金利率,这种利率变动对美国经济有举足轻重的影响。也正因为如此,格林斯潘被称为美国仅次于总统的第二号人物。格林斯潘所做的正是运用货币政策来调节经济。

货币政策是由中央银行决定并实施,通过调节货币量和利率来影响整体经济的政策。如果说财政政策是直接作用于总需求的政策,那么,货币政策则是间接作用于总需求的政策。货币政策的传导机制是货币量影响利率,利率影响投资,从而影响总需求和整个经济。在这种传导机制中,最终目标是总需求,中间目标是利率,政策工具是货币量。根据凯恩斯主义货币理论,利率由货币供求决定,在货币需求为不变时,利率取决于货币供给,即货币供给增加,利率下降;货币供给减少,利率上升。根据投资函数,利率与投资反方向变动,利率下降,投资增加;利率上升,投资减少。投资作为总需求的一个重要组成部分而影响总需求。

在这种货币政策传导机制中,货币供给量的变动至关重要,而货币供给量是中央银行可以直接控制的。如前所述,中央银行直接控制的是基础货币量,而流通中货币供给量的变动还要取决于商业银行创造货币的机制。中央银行还可以影响商业银行创造能力的

　　艾伦·格林斯潘（Alan Greenspan，1926—），美国第十三任联邦储备委员会主席（1987—2006），任期跨越 6 届美国总统。许多人认为他是美国国家经济政策的权威和决定性人物。在他人生的巅峰时刻，他被称为全球的"经济沙皇""美元总统"。然而对他的批评声也同样不绝于耳；次贷危机爆发之后，各种质疑更是层出不穷。

　　大小，即货币乘数。因此，中央银行实际上就能控制流通中的货币量。中央银行控制货币量的工具是公开市场活动、贴现率政策和准备率政策。

　　公开市场活动是中央银行在金融市场买卖政府债券。中央银行正是通过这种活动来调节基础货币量。当中央银行买进政府债券时就向卖者进行支付，这样就相当于发行货币，增加了基础货币量。例如，当中央银行从金融市场上买进 100 亿元政府债券时，就向卖者（个人或企业）支付了 100 亿元货币。这 100 亿元就是新增加的基础货币量。这种基础货币投入流通中后通过商业银行创造货币的机制而使流通中的货币量成倍增加。同样,当中央银行在金融市场上卖出债券时,买者(个人或企业)要向中央银行进行支付,这就相当于回笼货币,减少了基础货币量。这种基础货币减少又通过商业银行创造货币的相反作用使流通中的货币量成倍减少。在现实中,这是各国中央银行运用最多的调节货币量的工具,也是最重要的货币政策工具。

贴现率是商业银行向中央银行贷款的利率。贴现率影响商业银行能从中央银行得到贷款的多少,从而就影响商业银行所能创造出的货币量多少。例如,当贴现率为 10% 时,商业银行以贴现方式向中央银行贷款 10 亿元可以得到 9 亿元货币(1 亿元作为利息扣下)。如果货币乘数为 3,则商业银行可以创造出货币 27 亿元。当贴现率降为 5% 时,商业银行以贴现方式向中央银行贷款 10 亿元可以得到 9.5 亿元。如果货币乘数仍为 3,则商业银行可以创造出货币 28.5 亿元。所以说,中央银行降低贴现率增加了流通中货币供给量,中央银行提高贴现率减少了流通中货币供给量。此外,贴现率作为一种利率也会引起其他利率同方向变动。

准备率又称法定准备率,是中央银行规定的商业银行在所吸收存款中必须作为准备金留下的比率。准备金可以作为商业银行的库存现金,也可以存入中央银行。中央银行要求商业银行保留准备金是为了避免商业银行现金短缺时出现的挤兑风潮及由此引发的银行破产。正如我们在以前所介绍的,商业银行创造货币的货币乘数是法定准备率的倒数。当基础货币量不变时,准备率越低,货币乘数越大,商业银行所能创造的货币也越多;准备率越高,货币乘数越小,商业银行所能创造的货币也越少,因此,降低准备率可以增加货币供给量;提高准备率可以减少货币供给量。现在由于各国的准备率都不高,所以,这种政策工具并不经常使用。

运用货币政策调节经济的具体做法是,当经济繁荣时,中央银行采用紧缩性货币政策,即在金融市场上卖出政府债券,提高贴现率和准备率,减少货币供给量,提高利率,减少投资,抑制总需求。当经济衰退时,中央银行采用扩张性货币政策,即在金融市场上买进政府债券,降低贴现率和准备率,增加货币供给量,降低利率,增加投资,刺激总需求。

英国的中央银行——建于 1694 年的英格兰银行,位于伦敦市的针线大街,因此它有时候又被人称为"针线大街上的老妇人"或者"老妇人"。

当然，各国中央银行在运用货币政策调节经济时具体做法也并不完全相同。以美国为例，决定货币政策的是美联储的公开市场委员会。该委员会每六周开一次会（遇紧急情况时随时开会），根据经济状况来决定货币政策。其做法是首先确定提高还是降低**联邦基金利率**（商业银行相互拆借的利率，也是美联储货币政策所要调节的利率），然后根据所要达到的目标，决定在金融市场买卖政府债券的数量，通过货币量的调节来达到这一目标利率。例如，该委员会为了防止即将出现的经济衰退，决定采用扩张性货币政策，把联邦基金利率降低 0.5 个百分点（这一决定通常由格林斯潘宣布），为了实现这个目标该委员会通知纽约联邦储备银行在纽约证券市场上买进一定量政府债券，这就增加了基础货币量，并通过商业银行创

美联储 2009 年发行的 1 美元钞票正面

造货币的机制而使流通中的货币供给量增加。货币供给量的增加会使联邦基金利率下降到预定目标。由于可以运用经济计量模型算出达到既定的利率目标需要货币供给变动多少,以及货币乘数的数值,所以,确定了利率目标就可以知道需要买卖多少政府债券,即增加多少基础货币。应该说,美联储在运用货币政策时是相当熟练的,这是美国经济成功的重要保证之一。格林斯潘自从1987年上任以来连续四届由里根、老布什和克林顿任命为美联储主席,证明了由他领导的美联储货币政策的成功。

我们以上所介绍的是凯恩斯主义的货币政策,但不同的国家在不同的时期还采用过另一种货币政策——货币主义的货币政策。货币主义者强调,货币政策的目标不在于通过利率调节投资与总需求,而在于稳定物价。物价水平由货币供给量决定,因此,稳定物价就要稳定货币供给量。他们提出简单规则的货币政策,即无论经济繁荣还是萧条,总保持按一个固定比率增加货币供给量。只要稳定了物价,经济就可以由市场机制调节实现充分就业均衡。这种以稳定物价为目标的货币政策也是货币中性的政策,即不利用货币量来调节经济,不使货币影响实际变量,只利用货币政策来稳定物价。英国20世纪80年代的撒切尔夫人政府和美国20世纪80年代的里根政府都用这种政策来稳定物价,并取得了成功。根据经济学家的研究,中央银行越独立,越关心物价稳定,从而该国通货膨胀率越低,现在许多国家的中央银行都更加重视使货币政策中性化,成为物价稳定的基础。因为经验证明,反通货膨胀的代价是巨大的,甚至以货币政策调节经济成功的美联储也越来越关注这一问题。这种趋势值得关注。

4 反馈规则与固定规则

当代宏观经济学中的两大流派——新凯恩斯主义和新古典宏观经济学——对短期宏观经济中各种问题的认识存在一种根本性分歧。新凯恩斯主义认为,各种宏观经济问题的存在源于市场机制调节的不完善性。新古典宏观经济学认为市场机制的调节无论在长期还是短期中都是完善的,各种宏观经济问题的存在源于外部冲击或政府错误的干预。由此也就得出了不同的政策结论:新凯恩斯主义认为短期中应该用政府调节来弥补市场调节的不完善性,新古典宏观经济学认为,即使在短期中也无须由政府调节。这种分歧体现在许多问题上。其中最重要的争论之一就是宏观经济政策应该遵循相机抉择的**反馈规则**,还是以不变应万变的**固定规则**。

凯恩斯主义是主张运用经济政策来实现稳定的。受凯恩斯主义影响在 1946 年通过的美国《就业法案》就规定,"促进充分就业和生产……是联邦政府一贯的政策和责任"。这个规定的含义是经济政策要对经济中的变动做出反应,以便稳定经济。新凯恩斯主义继承了这种基本精神,认为在短期中要运用政策调节经济。这种调节就是在衰退时采用扩张性财政与货币政策,而在繁荣时采用紧缩性财政与货币政策。这种逆经济风向行事，及时对经济变动做出反馈的相机抉择政策就是反馈规则。

反对这种反馈规则的经济学家认为，如果决策者能掌握充分信息，做出正确预测，并根据这种预测做出反馈，当然是好的。问题在于现在采取的政策在未来才发生作用，如果预测错误，做出的决策不符合未来的实际情况，政府不仅不能稳定经济，反而会成为经济不稳定的根源。之所以存在这种情况就是因为政策的效应有时滞。

政策效应的时滞指从认识到要采取政策到政策发生作用之间的时间间隔。这种时滞分为做出决策的**内在时滞**与政策发生作用所需要的**外在时滞**。一般说来，财政政策由于决策过程时间长，内在时滞也长，但一旦做出决策付诸实施可以立即发生作用，外在时滞短；货币政策由中央银行独立做出决策，内在时滞短，但它通过利率发生作用，一般需要在决策后 6—9 个月才能见效，外在时滞长。任何一种宏观经济政策都有时滞，这就使反馈规则无法起到应有的作用，甚至会起到加剧不稳定的作用。

例如，决策者根据预期，认为在 6 个月后经济会出现一次衰退，从而决定采用扩张性财政或货币政策。但在做出决策并付诸实施之后，经济中由于某种未预期到的因素（例如，世界经济繁荣带动了出口增加）经济已自动进入了繁荣，实现了充分就业，而这时扩张性政策发生作用，反而会使经济过热，引发通货膨胀。既然经济学无法对未来做出正确的预测，就不如不对经济变动做出反应，而是依靠市场机制本身的调节来实现充分就业。这个过程需要的时间也许长一点,但比采用政策要好。这时应该防止经济政策成为不稳定的根源。政策就应该以不变应万变,即对经济的变动不做出反应,无论经济如何变动,政策规则都不变,这就是固定规则的政策。例如,保持货币供给增长率不变的货币政策就是这种政策。

新古典宏观经济学是主张固定规则的。他们还强调,人能做出理性预期,只要政府把政策的固定规则告诉人们,让人们做出理性预期,并以此行事,经济就是稳定的。政府用反馈规则,随机地改变政策是以欺骗人民来发生作用的。但在长期中人们终究要做出正确预期,从而这种政策不起作用,只会加剧经济的不稳定性。对外部冲击引起的经济波动也要靠市场机制调节来恢复均衡。运用政策来消除外部冲击,政策本身也会成为引起不稳定的根源之一。在对经济难以做出正确预期时采用某种政策如同医生没弄清病情就开处方一样,会危害病人。

新凯恩斯主义者也承认新古典宏观经济学所指出的种种问题。但他们认为,尽管长期中经济会依靠市场机制恢复均衡,但所需时间太长。例如,要 3—4 年,在这一时期内这些问题会使人民无法忍受,而且,从战后的历史看,尽管政策有失误,但总体上还有积极作用的。应该努力减少政策失误,而不是不用政策调节经济。

从现实来看,各国并没有放弃用宏观经济政策来调节经济,只不过是从过去的失误和经济学家(特别是新古典宏观经济学家)的批评中不断改进政策,使之更有利于经济的稳定。

国际贸易

　　在商业完全自由的制度下,各国都必然把它的资本和劳动用在最有利于本国的用途上。这种个体利益的追求很好地和整体的普遍幸福结合在一起。由于鼓励勤勉、奖励智巧,并最有效地利用自然所赋予的各种特殊力量,它使劳动得到最有效和最经济的分配;同时,由于增加生产总额,它使人们都得到好处,并以利害关系和相互交往的共同纽带把文明世界各民族结合成一个统一的社会。正是这一原理,决定葡萄酒应在法国和葡萄牙酿制,谷物应在美国和波兰种植,金属制品及其他商品则应在英国制造。

——大卫·李嘉图

　　大卫·李嘉图(David Ricardo,1772—1823),原本是成功的股票经纪人,27岁时偶尔读到亚当·斯密的《国富论》而对经济学产生兴趣,并成为英国伟大的古典经济学家。他的著作《政治经济学及赋税原理》是《国富论》后的又一本经典。他的许多理论都是在当时围绕政策的争论中形成的。比较优势理论就是围绕议会是否取消《谷物法》的争论形成的,中心是要求取消《谷物法》,实行自由贸易。比较优势理论现在仍然是国际贸易理论的基础。

　　李嘉图的上一段话论述了著名的比较优势原理，这个原理奠定了自由国际贸易的理论基础，促进了世界经济的繁荣。世界正是沿着李嘉图在近 200 年前指出的路实现着全球经济的一体化。今天在各国经济日益开放的情况下，经济学自然也要走出一国，研究各种国际经济问题。这正是本书以后三章的中心。

　　各国经济的联系是通过物品市场、劳动市场和资本市场的一体化实现的。本章论述各国物品市场的联系，即国际贸易问题。

1　过去与现在

　　早在远古时期人类就有了分工，贸易则是分工的必然结果。人类的天性是利己的，贸易使每个参与者都获得了利益。互惠的贸易也是人类利己本性的延伸。当贸易从地区间扩大到国家之间时，就有了国际贸易。

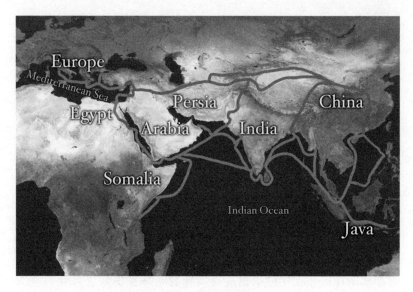

古代"丝绸之路"路线图

欧洲远在古希腊、古罗马时就有国际贸易,地中海沿岸各国之间的贸易使这一带成为世界上最早的发达地区。在中国,丝绸之路成为中外贸易的见证,正是这种贸易使汉朝和唐朝成为繁荣的大国。当然,从现在来看,这些只能算国际贸易的胚胎时期。真正的国际贸易还是资本主义出现之后。如果说公元 10 世纪到 12 世纪的十字军东征促进了东西方交流,那么,15 世纪末到 16 世纪中期的地理大发现和 18 世纪的产业革命才给世界贸易带来了强大刺激。马克思和恩格斯在《共产党宣言》中描述国际贸易与资本主义发展的这个共生过程:"大工业建立了由美洲的发现所准备好的世界市场。世界市场使商业、航海业和陆路交通得到了巨大的发展。这种发展又反过来促进了工业的扩展，……不断扩大产品销路的需要，驱使资产阶级奔走于全球各地。它必须到处落户，到处创业，到处建立联系。资产阶级，由于开拓了世界市场，使一切国家的生产和消费都成为世界性的了。……这些工业所加工的，已经不是本地的原料，而是来自极其遥远的地区的原料……它们的产品不仅供本国消费，而且同时供世界各地消费。旧的、靠本国产品来满足的需要，被新的、要靠极其遥远的国家和地带的产品来满足的需要所代

坚船利炮开辟出的国际贸易：19 世纪，英国发动两次鸦片战争，迫使中国将鸦片贸易合法化，并将所有口岸开放给英国商人。

替了。过去那种地方的和民族的自给自足和闭关自守状态,被各民族的各方面的互相往来和各方面的互相依赖所代替了。物质的生产是如此,精神的生产也是如此。"马克思和恩格斯在 150 多年前所描述的情况现在正在一步步实现。

产业革命之后国际贸易有了迅速发展,但国际贸易真正突飞猛进的发展是在二战之后,在过去的 50 余年中,世界出口贸易总额增长了十几倍,现在已很难找到一件真正意义上的民族工业产品了。

综观国际贸易的发展过程,它有什么新特点,又告诉我们些什么呢?

如果说二战之前的国际贸易主要是互通有无的多,即工业国与农业国制成品与初级产品的贸易,或出口自己丰富而进口自己短缺的物品的贸易,或不同制成品之间的贸易,那么,战后的贸易则呈现出一些显著特点。首先是发达国家之间相同产品,尤其是相同制成品的贸易大大增加,例如,美国、欧洲和日本都生产汽车,但它们之间汽车的贸易量仍然相当大。其次,在国际贸易中各国的生产结构发生重大变化,发达国家的制造业逐渐向发展中国家转移,即使是原有的制造业也出现了新特点。例如,美国的汽车制造仍然在发展,但许多汽车零部件都从国外进口,福特牌伊斯柯特型汽车的零部件就来自 15 个国家。这种变化使美国的汽车制造业向汽车组装业发展,增加了汽车业内的国际贸易量,也为其他国家汽车专业的发展提供了机会。最后,在国际贸易中无形贸易,即劳务的大大增加,如航运、保险、金融服务、旅游等在国际贸易中的比例显著提高,

2013 年 10 月 18 日，加拿大总理哈珀和欧盟委员会主席巴罗佐在布鲁塞尔签署了加拿大—欧盟自由贸易原则性协议。

而且增长最快。战后国际贸易的新特点是研究国际贸易的出发点。

从历史的角度看，总的趋势是向自由贸易的方向发展。事实证明，自由贸易有利于各国的共同繁荣，而保护贸易则都受其害。20世纪 30 年代大萧条时期，各国都想以保护贸易来使自己摆脱危机，美国的关税总水平提高了 50％，最高关税达 70％，其他国家也与此类似，结果这反而加重了各国的萧条程度。现在许多国家的关税降至 3％—4％，整个世界经济却更加繁荣。战后的事实还证明，那些坚持闭关自守或自力更生的国家，经济无一获得成功。例如，改革前的中国，现在的朝鲜。而那些坚持开放，融入世界经济中大出大进的国家与地区，例如巴西、新加坡、韩国、中国香港和台湾地区等新兴工业化国家与地区迅速摆脱了贫困，走上繁荣之路。中国 20

余年来的巨大成就也与向世界开放和国际贸易的迅猛发展相关。

只有开放才有繁荣这应该是人所共知的真理,但贸易自由化之路并不平坦。直至现在为止,贸易战与保护贸易仍然相当严重。无论是发达国家之间,发达国家与发展中国家之间,或者发展中国家之间,都在发生或大或小的贸易战。保护主义成为一股全球一体化中的逆流,甚至连美国这样以自由贸易立国的大国也屡屡采取保护贸易的政策。国际贸易中自由化与保护主义的交替成为各国贸易政策的特征,也是当代国际贸易中一种值得关注的趋势。

我们用什么理论来解释这些现象呢?

2 A 国的汽车与 B 国的粮食

最早论证国际贸易对各国有利的是英国经济学家亚当·斯密的绝对优势理论,即两个国家能从贸易中获益是因为各国都有生产率绝对高于对方的产品。但不久这种理论就被另一位英国经济学家大卫·李嘉图的比较优势理论所取代。这种理论认为,即使一个国家任何产品生产的生产率都绝对低于另一个国家,这两个国家的贸易仍然对双方有利。因为各国必定有自己的比较优势。新古典经济学家用机会成本的概念解释了比较优势。

什么是**比较优势**呢?我们知道,任何一个国家资源都是稀缺的,生产某种产品一定要放弃其他产品的生产,放弃的其他产品量就是生产某种产品的机会成本。如果一国生产某种产品的机会成本低于另一国家，那么，这个国家在生产这种产品时就有比较优势。任何一个国家都会在某种产品的生产上具有比较优势，从而国际贸易能给各国都带来好处。比较优势的存在正是国际贸易的基础。

我们用一个具体例子来说明这一点。例如，A、B 两国都生产汽车和粮食。如果 A 国把全部资源（劳动）用于生产自己消费的汽车和粮食，A 国生产 1 辆汽车需要 1 万小时，生产 1 吨粮食需要 500 小时。这样，生产 1 辆汽车就要放弃 20 吨粮食，生产 1 吨粮食要放弃 0.05 辆汽车，即生产 1 辆汽车的机会成本是 20 吨粮食，生产 1 吨粮食的机会成本是 0.05 辆汽车。A 国的资源共 1 亿小时，生产汽车和粮食各用 5000 万小时，生产汽车 5000 辆，粮食 10 万吨。B 国也把全部资源（劳动）用于生产自己消费的汽车和粮食。B 国生产 1 辆汽车需要 9000 小时，生产 1 吨粮食需要 300 小时。这样，生产 1 辆汽车就要放弃 30 吨粮食，生产 1 吨粮食要放弃 0.033 辆汽车，即生产 1 辆汽车的机会成本是 30 吨粮食，生产 1 吨粮食的机会成本是 0.033 辆汽车。B 国的资源共 1.8 亿小时，生产汽车和粮食各用 9000 万小时，生产汽车 1 万辆，粮食 30 万吨。如果两国之间没有国际贸易，它们各自的汽车和粮食产品也就是消费量，消费受资源及生产可能性的限制。

从上例看出，B 国生产汽车和粮食所用的劳动时间都少于 A 国，即生产率高于 A 国。换言之，B 国在这两种产品的生产上都具有绝对优势。但各国都有自己的比较优势。A 国生产 1 辆汽车的机会成本为 20 吨粮食,B 国生产 1 辆汽车的机会成本为 30 吨粮食,A 国生产汽车的机会成本低于 B 国,在生产汽车上有比较优势。A 国生产 1 吨粮食的机会成本为 0.05 辆汽车,B 国生产 1 吨粮食的机会成本为 0.033 辆汽车,B 国生产粮食的机会成本低于 A 国,在生产粮食上有比较优势。应该注意的是,同一个国家不可能在生产两种物品中都有比较优势,也不可能在生产两种物品中都没有比较优势。因为生产一种物品的机会成本是生产另一种物品机会成本的倒数。如果一国生产一种物品的机会成本较高,它生产另一种物品的机会成本必然降低。比较优势反映了这种相对机会成本。除非两国有相同的机会成本,否则一国就会在生产一种物品上有比较优势,而另一国将在生产另一种物品上有比较优势。

比较优势——英国的苹果和澳大利亚的梨

由于两国各自有比较优势，所以，A 国专门生产汽车，B 国专门生产粮食，然后双方交换，都可以获益，即在资源和生产可能性约束不变的情况下所消费的两种物品都可以增加，或者在一种物品的消费不减少时，另一种物品的消费量增加。在上例中，如果没有贸易，A 国 1 辆汽车可以换 20 吨粮食。如果与 B 国贸易，1 辆汽车可以换 30 吨粮食。A 国把全部资源 1 亿小时劳动用于生产汽车可生产 1 万辆，留下 5000 辆自己消费（汽车的消费没减少），用其余 5000 辆与 B 国进行贸易，可换得 15 万吨粮食（粮食的消费增加了）。也可以留下 6000 辆汽车自己消费，其余 4000 辆汽车与 B 国进行贸易，换得 12 万吨粮食，两种物品的消费都增加了。同样，如果没有贸易，B 国 1 吨粮食可以换 0.033 辆汽车。如果与 A 国贸易，1 吨粮食可以换 0.05 辆汽车。B 国把全部资源 1.8 亿小时劳动用于生产粮食 60 万吨，留下 30 万吨自己消费（粮食的消费没有减少），用其余的 30 万吨粮食换得 1.5 万辆汽车（汽车的消费增加了）。也可以自己消费 40 万吨粮食，其余的 20 万吨粮食换得 1 万辆汽车，两种物品的消费都增加了。

这个例子说明，各国在生产某种物品上都有比较优势，各自生产自己有比较优势的东西，然后互相交换，对各国都有利。这正是自由贸易的理论基础，也是在整个经济发展中国际贸易有利于共同繁荣的秘密。

3 要素禀赋

要素禀赋说又称赫克雪尔—俄林原理,以其建立者两位瑞典经济学家的名字命名。这种学说以比较优势理论为基础,但又进一步用各国生产要素禀赋的不同来解释比较优势。

这种学说认为,各国同类产品进行交易的直接原因是价格的差别。这就是说,如果某种物品国内价格高,而国外价格低,就会进口这种物品;如果某种物品国内价格低,而国外价格高,就会出口这种物品。引起各国同类物品价格不同的原因是多方面的,但最关键的是各国各种生产要素的禀赋不同,从而生产要素的相对价格不同。这使各国生产各种物品的成本不同,从而价格也就不同。

这种学说用两个国家、两种生产要素和两种物品的例子来说明国际贸易的有利性。假设两个国家 A 国与 B 国,都生产汽车与粮食,由于生产技术等原因,生产汽车需要的资本多而劳动少,生产粮食需要的资本少而劳动多。A 国资本丰富而劳动缺乏,资本价格低而劳动价格高;B 国资本缺乏而劳动丰富,资本价格高而劳动价格低,因此,A 国生产汽车成本低,价格也低;B 国生产粮食成本低,价格也低。这样,由于要素禀赋与价格不同,两个国家的分工就是 A 国生产汽车而 B 国生产粮食。两国进行贸易,A 国得到低价粮食,B 国得到低价汽车,都从贸易中获益。

　　从这个例子中得出的一般结论是：任何一个国家都应该生产并出口自己资源丰富的要素的产品，并进口自己资源缺乏的要素的产品。由此得出的推论是：资本丰富的国家应生产并出口资本密集型产品，进口劳动密集型产品；劳动丰富的国家应生产并出口劳动密集型产品，进口资本密集型产品。要素的禀赋决定生产就体现了比较优势。各国生产自己要素禀赋多的产品也就是生产自己有比较优势的产品。比较优势论与要素禀赋说在本质上是一致的。要素禀赋说明了一国比较优势的原因。

　　这一学说还说明了国际贸易对国内收入分配的影响。这就是说国际贸易使各国之间生产要素的价格差别逐步缩小，并趋于相等。这是因为劳动资源丰富的国家出口劳动密集型产品，进口资本密集型产品；资本资源丰富的国家出口资本密集型产品，进口劳动密集型产品，贸易的结果是，在前一种国家，劳动价格上升而资本价格下降；在后一种国家，资本价格上升而劳动价格下降，最后，这两个国家劳动的价格与资本的价格趋于相等。这样也有利于使各国国内的收入分配更为平等。这就是由要素禀赋说引申出的**生产要素价格均等化原理**。美国经济学家萨缪尔森用数学方法证明了在严格的假设之下，各国要素价格必然是均等的。但实际上由于国际贸易并不完全是自由的，而且各国汇率会由于各种因素而变动，所以，要素价格的相等几乎是不可能的。

　　20 世纪 50 年代，美国经济学家里昂惕夫对要素禀赋说进行了检验，发现国际贸易的事实与这一学说得出的推论并不一样。以美国为例,美国是一个资本丰富而劳动缺乏的国家,按要素禀赋说应该出口资本密集型产品而进口劳动密集型产品,但根据对美国进出口结构的分析,美国出口的是劳动密集型产品而进口的是资本密集型产品。这个问题被称为里昂惕夫之谜。其他经济学家用成本递增理论、人力资本理论,产品生命周期理论等解释里昂惕夫之谜,并在这个过程中发展了国际贸易理论。

4　不同的人喜欢不同的车

20 世纪 60 年代以后国际贸易中出现的新特征使发达工业国之间贸易量大大增加,而且同类的制成品贸易量大大增加,传统的比较优势理论和要素禀赋说都无法对此做出令人信服的解释,于是就产生了新贸易理论。新贸易理论用市场竞争的不完全性和规模经济解释国际贸易的好处。

比较优势和要素禀赋都是从生产的角度来分析国际贸易的。新贸易理论从需求入手,由于收入与偏好等原因,人们的需求千差万别,即使是对同一种产品,也有不同的嗜好。以汽车为例,青年人喜爱跑车,富人喜爱豪华型车,而低收入者喜爱节油型车。不同的人喜爱不同的车,只有生产不同的车才能满足不同的人的偏好。

经济学家证明了产品差别引起垄断,产品差别越大,垄断程度也越高。这就是说,同一种产品在质量、外形、牌号、服务等方面的细微差别会对不同的消费者形成垄断。这样,有产品差别的市场就不是完全竞争市场,而是不完全竞争市场——垄断竞争市场或有差别的寡头市场。这就是市场竞争的不完全性。

在这种不完全竞争的市场上,企业只有有一定的规模才能具有创造产品差别的创新能力,实现以最低成本进行生产,并运用各种市场营销手段增强竞争地位。简言之,在这种市场上规模经济特别重要。以汽车工业为例,只有大量生产才能创造出新车型,采用自动化技术降低成本,并具备竞争能力。但如果生产仅仅以国内为市场,不可能既生产各种不同的汽车又实现规模经济。因为国内对某种车型的需求总是有限的,达不到规模经济的产量水平。只有为全世界的需求进行生产,才能既有产品差别满足不同的偏好,又能实现规模经济。

需求的多样性与规模经济的结合就是发达国家之间大量同类制成品进行贸易的基本原因。仅仅是需求的多样性并不能保证得到多样化的产品,因为为满足某种需求的成本太高了。例如,如果一些年轻人喜欢某种特殊跑车,如果这种车需求量并不大而又必须由国内生产,必然无法实现规模经济,也无法生产出来。

但是在有国际贸易时,每个汽车厂都为全世界的市场服务,每个工厂专门生产某一种或几种用于满足某种特殊需求的车,并向全世界销售。这样就既满足了不同的需求又实现了规模经济。尽管各国都生产汽车,但具有不同产品差别的汽车仍在各国之间进行贸易。意大利的法拉利赛车可以供给全世界的年轻人,德国的宝马车

法拉利与宝马:适合不同消费人群的名车

可以让全世界的白领人士尽享名车风范,而日本的丰田车又为另一些人带来满足。世界各地的汽车具有不同的风范,满足了不同的需求,但当把全世界的同一种需求集中在一起由少数企业满足时,各个企业又都实现了规模经济,消费者得到了低价格的汽车。这正是国际贸易给各国消费者和生产者都带来了好处。

随着人们收入和生活水平的提高,需求会愈来愈多样化;随着技术进步,规模经济也会越来越重要。可以根据新贸易理论预期,同类制成品的贸易还会不断扩大。

5　克林顿曾限制西红柿进入美国

无论从理论和现实来看,自由贸易都有利于各国共同繁荣,那么为什么各国还以各种形式进行保护贸易呢?

历史上最早的保护贸易论是主张只出口不进口或多出口少进口的重商主义。尽管重商主义早已成为历史,但今天仍然有各种为保护贸易进行辩护的理论。如保护国内就业的工作岗位论、维护国家安全的国家安全论、保护新兴工业的幼稚产业论、防止有些国家进行不公平竞争（如倾销）的不公平竞争论、以保护贸易作为国际谈判筹码的保护论、建立自己具有国际竞争力行业的战略性保护论，等等。经济学家认为这些理论都难以成立。真正引起保护主义的原因实际是一国的短期利益、部分人的利益，以及政治上的需要。

从长远来看，国际贸易对各国都是有利的，但从短期来看，并不一定如此。要使国际贸易有利于一国，该国必须对产业结构进行调整，发展自己有比较优势的行业，消灭自己没有比较优势的行业。这种产业结构调整需要的时间较长。在这个调整过程中，当新行业没有完全发展起来，而旧行业消亡中又会引起衰退和失业时，一个经济就要为此而付出代价。有时这种代价过高，会使一个国家难以承受，政府不得不采取一些保护措施。

从整体来看，国际贸易使一国的获益大于损失，但对不同的利益集团，得失并不一样。一般说来，出口部门和消费者会获益，而进口部门会受损失。国际贸易的受益者人数多，总体受益也大。但正由于受益者人多，平均到每个人身上受益并不多，所以，他们难以团结起来，支持自由贸易。国际贸易的受害者少，尽管总损失并不大，但分摊到每个受害者身上并不小，加之，受害者感受更为直接，而且，对受害者的补偿也难以实施，所以，他们容易团结起来向政府施加压力，使政府不得不采取一些保护贸易政策，来维护这些受害者的利益。例如，如果美国政府取消对纺织业的保护，出口部门（高科技产品部门)和消费者都会受益,但纺织业工人受害。于是纺织业工人向政府施加压力,政府不得不保护纺织行业。

有些时候,政府也出于政治上的考虑而限制一些在经济上有利的贸易。例如,1996年克林顿限制墨西哥的西红柿进入美国。西红柿进口有利于美国消费者得到物美价廉的产品,但却有损于佛罗里达州的西红柿种植者。克林顿怕在总统大选中失去佛罗里达州的支持,于是采用了这种做法。这就是政治因素在起作用。此外,前几年欧盟限制美洲的香蕉进口,而让非洲的香蕉进口,也是出于政治原因。尽管美洲的香蕉物美价廉,但非洲许多种植香蕉的国家是欧盟以前的殖民地,欧盟一些宗主国承担支持这些国家经济的责

任，这也是政治上的考虑。也有一些国家出于政治上独立的考虑而限制进口。有时政治上的考虑重于经济上的考虑，这就不得不实行保护贸易。

就发展中国家而言，保护贸易政策还有特殊意义。世界市场是一个不完全竞争的市场，一些发达国家拥有超大型跨国公司，在世界市场上处于垄断地位。这就使发展中国家在竞争中处于不利地位，尤其是一些发展中国家以初级产品出口为主，初级产品在国际市场上需求缺乏弹性，这就在市场上处于不利地位，所以，发展中国家往往也采用一些贸易保护政策。

保护贸易手段分为关税和非关税壁垒两大类。关税就是对进口（或出口）产品征收税收，以限制贸易，非关税壁垒花样繁多，主要有配额，即规定某种物品的进口数量；自愿出口限制，即出口国根据两国协议自己限制出口量；反倾销，即对低价（低于成本或国内价格）倾销的出口国实行报复；严格技术或质量标准；等等。当一国运用这些手段进行保护贸易时，往往引起各国之间的贸易战。这正是我们在国际经济中常看到的现象。

国际贸易自由化是一个不可抗拒的历史潮流，但实现这一目标还是一个漫长的过程。

国际金融

一个运行良好的货币制度能够促进国际贸易和国际投资，并使各种变革得以平稳过渡。

——罗伯特·所罗门

1997 年东南亚国家发生金融危机，全世界为之震动。这场金融危机的发生及产生的影响说明了世界资本市场的一体化已把各国紧紧联系在一起。正如国内金融货币制度对经济正常运行至关重要一样，国际金融货币制度对世界经济的正常运行也至关重要。要了解这些，我们必须进入国际金融这个领域。

1　一国与别国的经济往来

一国的国际收支情况用**国际收支账户**来表示，该账户是一国在一定时期内（通常为一年）国际贸易、贷款与借款等的记录，它反映了一国与别国的经济往来。国际收支账户包括**经常账户**、**资本账户**与**官方结算账户**。了解这个国际收支账户是我们了解国际金融的第一步。

在国际收支账户中，资金流出为借方，资金流入为贷方。经常账户中包括商品与劳务的进口（借方）、商品与劳务的出口（贷方）和净转移（从外国得到的和支付的赠予与外援之类转移支付的净值），借方与贷方之差为经常账户余额。如果借方大于贷方，则为经常账户赤字；如果贷方大于借方，则为经常账户盈余。例如，如果一国进口为 1000 亿元，出口为 800 亿元，净转移为零，则经常账户余额为赤字 200 亿元。

资本账户记录一国的国际借贷往来，包括对外直接投资（借方）和外国在本国的直接投资（贷方）、证券投资（购买外国证券为借方和外国购买本国证券为贷方）和短期资本流动（从国外得到的借款为贷方，向国外的贷款为借方），借方与贷方之差为资本账户余额。如果借方大于贷方，则为资本账户赤字；如果贷方大于借方，则为资本账户盈余。例如，如果一国对外直接投资为 100 亿，外国在本国的直接投资为 80 亿元；购买外国债券 50 亿，外国购买本国债券为 60 亿元；给外国的短期贷款为 30 亿元，从外国得到的短期贷款为 40 亿元；则借方总贷为 100 亿＋50 亿＋30 亿＝180 亿元，贷方总计为 80 亿＋60 亿＋40 亿＝180 亿元。资本账户余额为零。

官方结算账户为经常账户与资本账户之和。如果这两者之和为正，则国际收支余额为盈余，官方外汇储备增加；如果这两者之和为负，则国际收支余额为赤字，官方外汇储备减少。在上例中，经常账户余额为赤字 200 亿元，资本账户余额为零，国际收支赤字为 200 亿元，官方外汇储备减少 200 亿元。

国际收支账户对我们了解一国与外国的经常交往是重要的，从长期来看,一国应该努力实现国际收支平衡。

2 1美元等于 8.26 元人民币

当一国购买外国物品与劳务或者在外国投资时,就要用外国的货币来进行交易活动。一国在外汇市场上得到外国货币。外汇市场是一国货币与其他国家货币进行交换的地方,但并不像物品市场那样是一个具体地方,而是一个把外汇买卖者与经纪人联系起来的国际网络。

一国货币与另一国货币交换的比率称为**汇率**。汇率也可以说是用一国货币购买另一国货币的价格。汇率有两种表示法:间接标价法和直接标价法。**间接标价法**是表示一单位本国货币可以兑换多少外国货币,**直接标价法**是表示一单位外国货币可以兑换多少本国货币。例如,1美元等于 8.26 元人民币,对我国来说就是直接标价法;而 1 元人民币等于 0.122 美元就是间接标价法。对美国来说正好相反,前一种表示法是间接标价法,后一种表示法是直接标价法。直接标价与间接标价互为倒数。我国现在采用直接标价法,伦敦和纽约外汇市场用间接标价法。在进行外汇买卖时,银行卖出外汇的价格称为银行卖价,银行买进外汇的价格称为银行买价。一般是卖价高于买价,两者的差额是银行买卖外汇的手续费,两者的差额一般在 0.1%—0.5% 之间。

世界不同国家流通的钞票

　　各国的汇率是在经常变动的。如果用本国货币表示的外国货币价格下跌了，则称为汇率升值。如果用本国货币表示的外国货币价格上升了，则称为汇率贬值。通俗地说，汇率升值是本国货币对外国货币的价值上升了,同样一单位本国货币能买到更多外国货币;汇率贬值是本国货币对外国货币的价值下降了,同样一单位本国货币能买到的外国货币少了。例如,如果人民币对美元的比率变为1美元兑换5元人民币,则人民币汇率升值;如果人民币对美元的比率变为1美元兑换10元人民币,则人民币汇率贬值。在前一种情况下,1元人民币从可以买到0.122美元变为可以买到0.2美元;在后一种情况下,1元人民币从可以买到0.122美元变为只可以买到0.1美元。

汇率在国际经济中是十分重要的,各国的汇率制度可以分为**固定汇率制**与**浮动汇率制**。固定汇率制指一国中央银行规定汇率,并保持汇率基本不变,其波动保持在一定幅度之内。在这种汇率制下,中央银行固定了汇率,并按这种汇率进行外汇买卖。在一国货币自由兑换时,中央银行为保持这种汇率就要进行外汇买卖。固定汇率有利于一国经济的稳定,也有利于维持国际金融体系和国际经济交往的稳定,减少国际贸易与国际投资的风险。但在一国货币自由兑换时,为了维持国家汇率,一国中央银行要有足够的外汇或黄金储备。如果不具备这一条件,必然出现外汇黑市,黑市汇率与官方汇率背离,反而不利于经济发展与外汇管理。

浮动汇率制是一国中央银行不规定本国货币与其他国家货币的官方汇率,汇率由外汇市场的供求关系自发地决定。浮动汇率又分为**自由浮动**与**管理浮动**。自由浮动又称清洁浮动,指中央银行对外汇市场不进行任何干预,汇率完全由市场供求自发地决定。管理浮动又称肮脏浮动,指中央银行通过外汇买卖来影响汇率的波动,实行浮动汇率有利于通过汇率的波动来调节经济和国际收支,尤其是当中央银行外汇与黄金储备不足时,实行浮动汇率较为有利。但实行浮动汇率不利于国内经济与国际经济的稳定,也加大了国际贸易与投资的风险。

战后世界各国的汇率制度可以大致分为两个阶段。1944 年 7 月,美英等 44 国在美国新罕布什尔州举行了联合国货币金融会议。会上确定了以美元为中心的国际货币体系(称为布雷顿森林体系)。这种制度的基本内容是:美元与黄金挂钩,确定美元与黄金的比价为 35 美元等于一盎司黄金。各国有义务协助美国维持美元官价,美国承担各国中央银行按官价向美国兑换黄金的义务。其他各国货币与美元挂钩,即其他国家的货币与美元保持固定汇率。这种制度成为黄金美元本位制,又称国际黄金汇兑本位制。在这种制度上,美元成为与黄金一样的硬通货,各国实行的是固定汇率制。各国只有在国际收支出现根本性不平衡时,才能调整汇率,汇率波动超过 1% 时,各国中央银行有义务调整,汇率调整超过 10% 时须经国际货币基金组织同意。这种固定汇率制度一直沿用到 70 年代初。这是战后汇率制度的第一阶段。

20 世纪 60 年代末期,美国通货膨胀加剧,多次发生美元危机,这种固定汇率制被动摇。1971 年 8 月 15 日,美国宣布停止美元兑换黄金。同年 12 月根据西方十国达成的史密斯协定,美元贬值 7.89%,即从一盎司黄金 35 美元贬为 38 美元,并将各国中央银行应干预的汇率波动幅度 1％改为 2.25％。1973 年 2 月,美元再次贬值 10％,每盎司黄金兑换 42.22 美元。从那时起,西方各国放弃了固定汇率制而采用了浮动汇率制。为了防止汇率过度波动给经济带来不利影响,各国中央银行也通过外汇买卖干预汇率,因此,在直到现在的第二阶段中,各国采用了管理浮动汇率制。

　　在浮动汇率制下汇率是如何决定的呢? 用一国货币购买其他国家的货币是为了在其他国家购买物品与劳务,或进行投资,因此,两国之间货币的汇率就取决于货币在国内的购买力。两国货币购买力之比决定了两国货币的交换比率,即汇率。这就是说,两种货币的汇率＝一国的物价水平/另一国的物价水平。这就是汇率决定的**购买力平价论**。根据这种理论,汇率的变动取决于这两国货币的购买力或物价水平的变动。这就是说,汇率的变动＝(一国的通货膨胀率/另一国的通货膨胀率)×原来的汇率。

但是,用购买力平价论解释利率的决定与变动有一个重要的条件,即物品与劳务可以在全世界自由流动,这样流动的结果是同一种商品在所有国家的价格完全相同。这被称为**单一价格定理**。例如,如果A国和B国完全自由贸易,如果A国的电脑高于B国,就有人在A国买电脑运到B国去卖,这种套利行为最后必定使A国与B国电脑的价格完全相同。然而,单一价格定理在许多情况下并不能成立。我们可以把物品与劳务分为可贸易物品与非贸易物品,例如,午餐这类物品和理发这类服务就是非贸易物品。人们不能由于昆明的午餐便宜纽约的午餐贵,而在昆明买午餐到纽约卖,也不能由于北京理发便宜巴黎理发贵,而从巴黎到北京理发。单一价格定理不适用于非贸易物品。即使对于可贸易物品,单一价格定理也不完全适用,因为现实中运输费用、关税与非关税壁垒等因素限制了自由贸易。应该说,购买力平价论是决定汇率的基础,但现实中决定汇率的还有其他因素。

汇率的决定可以从即期与远期来考虑。即期汇率,即现在的汇率,是由外汇市场的供求决定的。如果对一国物品与劳务或资产的需求增加,需要用该国货币来购买物品与劳务或资产,对该国的货币需求增加,该国汇率就会升值。决定远期汇率的则还有预期等因素。从实质上说,汇率是一种价格,是两国货币交换的价格,所以,和其他物品的价格一样,可以用供求关系来解释。

3 一把双刃剑

各国间资本流动成为当前国际经济中一个重要的特征,因此,在研究国际经济关系时,我们必须考虑国际金融市场以及国际间的资本流动。

国际金融市场上的活动包括外汇的买卖、黄金的买卖及证券的买卖、长期和短期资金信贷活动。所以,国际金融市场包括外汇市场、黄金市场、货币市场和资本市场。这里要注意的是,货币市场和资本市场都是从事证券与信贷活动,一般把一年之内的这些金融活动称为货币市场,而把一年之上的这些金融活动称为资本市场。

一个国际金融市场需要以下四个条件。第一,政治稳定,经济发达,本国货币稳定,能成为各国承认的国际收支手段的硬通货。第二,有一种自由的外汇制度,即资金可以自由出入境,没有严格的外汇管制,在准备金、银行利率和税率等方面有稳定的政策,使境内外金融投资者有一个长期的考虑和信心。第三,有发达的银行和其他金融机构,有成熟的基金组织,完善的金融制度,银行信贷发达,资金周转方便,同时有一大批熟悉金融专业又高效率工作的专业人才。第四,有现代化的通讯设备和交通便利的地理位置,良好的社会服务,足以吸引各国投资者来这里从事金融活动,与此相应,国际贸易、航运、保险等配套机构与行业都要有相应的水准。许多活跃的国际金融市场,如伦敦、纽约、苏黎世、东京、香港等都具备了这些条件。

我们根据所经营的业务把国际金融市场分为外汇市场、黄金市场、货币市场和资本市场。如果根据参与者来划分,又可以把金融市场划分为国内金融市场,即本国居民参与的金融市场;在岸金融市场,即经营本国居民与外国人业务的金融市场,以及离岸金融市场,即本国境外专门经营外国人之间金融业务的金融市场。离岸金融市场在二战后发展迅速,因为离岸,即不在境内意味着国内法令、法律管制不到。例如,伦敦的"欧洲美元"市场。美元在伦敦是外币,不受英国国内银行法规管制,欧洲美元在伦敦交易,也不受美国国内银行法规管制。所以,任何一国都无法单独按本国法律来管理离岸金融市场。正因为如此,离岸金融市场往往在那些金融与法律管制较松,税收低甚至免税的地方。这些地方不一定具备国际金融市场的四个条件,只要法律与税收宽松就可以。例如,巴哈马群岛、瑞典、卢森堡、列支敦士登大公国等都是著名的离岸金融市场。

离岸金融市场促进了生产、市场和资本的国际化,提供了有利的融资市场,也有助于国际贸易发展和各国经济发展,加快了全球经济一体化进程。但也增加了各国金融活动的不稳定性,成为金融危机的潜在诱因,也为非法洗钱提供了方便之门。离岸金融市场已成为金融投机家冒险的乐园。

　　英国税务及海关总署 2014 年 2 月发布的针对利用离岸
金融市场逃税行为的警示性海报。

各国资本通过国际金融市场大量而迅速地流动,并通过**套利活动**使全世界的利率与汇率趋向一致。

套利活动是在低价地方买入而在高价地方卖出,以赚取其中的差价。在国际金融市场上,这种套利活动使世界各国的利率趋于一致。在货币和资本市场上,当资本在各国间自由流动时,如果一国利率高于世界利率,资本就会大量进入该国,使该国利率下降至世界利率;如果一国利率低于世界利率,资本就会大量流出该国,使该国利率上升至世界利率。因此,资本流动的结果实现了利率平价,即全世界的资本无论在哪一国都得到相同的利率。同样,在外汇市场上,如果没有外汇管制,外汇的买卖也会实现汇率平价。例如,在香港市场上美元对英镑的汇率是 1∶0.8,在纽约市场上美元对英镑是 1∶0.9。就会有人在香港市场上抛出英镑买进美元,然后在纽约市场上卖出美元买进英镑。在香港用 0.8 英镑买到 1 美元,在纽约 1 美元能买到 0.9 英镑,每美元赚到 0.1 英镑。这种套汇做法,使香港与纽约两个市场上,美元与英镑的汇率趋于相等。以前我们谈到,在国际贸易中,由于贸易受到限制,无法完全实现单一价格。但在国际金融市场上,由于资本和外汇的流动几乎不受什么限制,所以,可以实现单一利率和单一汇率。这正是国际金融市场一体化更快的重要原因。

国际金融市场的一体化为各国融资提供了方便,有利于经济发展。当一国缺乏发展经济所需的资金时,可以到国际金融市场上去筹资。例如,发行债券、股票或借款。我国成功地在国际上发行过债券,有些国内企业也在香港和纽约上市(H股与N股),也从国际金融市场借过款,这些都促进了我国经济发展。到国际金融市场上筹资已成为许多国家获得资金的一个重要渠道。但也应该认识到,国际金融市场也是一个高风险的市场,它受各国政治与经济变动的影响,有相当大的不稳定性。国际资本,尤其是国际短期游资会给一国金融和经济带来相当大的冲击,甚至引起严重金融危机。1994年的墨西哥金融危机,1997年的东南亚金融危机,都与国际短期游资的冲击有密切关系。

在国际金融市场上引起不稳定的因素之一是投资者"借短放长"的投机活动。一般而言,长期利率高而短期利率低,所以,投资者在国际金融市场上以较低的利率借入短期贷款,然后又以较高的利率放出中期或长期贷款。这种做法成功的关键是如何能"到期转期",即在短期借款到期时能再借到另一笔短期贷款,用新债抵旧债。如果到期转期不成功,所放出的中长期贷款又不能按时收回,就会引起金融市场上连锁性恶性循环,引起金融危机。在国内金融市场上这种做法要受到有关法规的制约,而在国际金融市场上,尤其是在离岸金融市场上,这种做法很少受到限制,危险性就大多了。

国际金融市场上不稳定的另一个因素是因为游资的存在。国际游资是在国际金融市场上自由流动的资金,包括石油出口国的资金、基金投资者的资金,以及"黑钱"。这些游资追求更高的利率,经常大量地从一个国家或地区流向另一个国家或地区,或在国际金融市场上从事投机活动。这种国际游资的流动会给一国金融和经济

　　1997 年,索罗斯及其他套利基金经理开始大量抛售泰铢,导致泰铢一路下滑,泰国政府动用了 300 亿美元的外汇储备和 150 亿美元的国际贷款企图力挽狂澜,但无济于事。索罗斯飓风很快就扫荡到了印度尼西亚、菲律宾、缅甸、马来西亚等国家。印尼盾、菲律宾比索、缅元、马来西亚林吉特纷纷大幅贬值。

带来巨大的冲击。例如,在 90 年代后期大量国际游资进入泰国使泰国经济过热,形成畸形繁荣,但在短期内大量国际游资流出,又引发了金融危机和经济萧条。泰国这次金融危机当然与国内种种因素有密切关系,但与以美国金融投机者索罗斯的投机活动也不无关系。

国际金融市场的一体化是一把双刃剑,既促进了世界经济发展,又引起了世界经济的不稳定性。因此,对于许多国家来说,不仅要利用国际金融市场,还要防范国际金融市场的冲击。发展中国家通常金融市场不成熟,资金又不雄厚,因此,不能过快追求金融市场的迅速完全开放。只能随着经济力量加强,金融体系的完善而逐步开放。我国在东南亚金融危机中所受的影响不大,国内金融与经济是稳定的,就是由于我们并没有开放金融市场,即人民币不能自由兑换,汇率是固定的,资本流动要受到限制。关起金融之门固然会失去一些好处,也可以免受国际金融市场的致命冲击。对一个经济尚不发达,金融市场不完善的国家而言,也许防范国际金融市场风险更为重要。美国经济学家保罗·克鲁格曼在总结东南亚金融危机的教训时也强调发展中国家要放慢金融市场开放的步伐。这是很有见地的。

开放经济中的一国宏观经济

世界之潮流浩浩荡荡,顺之者昌,逆之者亡。

——孙中山

　　孙中山(1866—1925)，中国革命的先行者。孙中山先生首先是一个伟大的革命家，但也是一个经济学家。他的民生主义经济学说对中国近代经济思想有重大影响。孙中山先生一生顺应历史潮流，推动了历史前进。我们引用这段话正是强调孙中山先生的这种精神。当今的世界潮流是全球经济一体化。

当今的世界潮流是什么？是全球经济一体化。顺此潮流者昌，逆此潮流者亡。世界经济会给一国经济带来什么影响？一国应该如何在全球经济一体化中求得发展？这正是我们以开放经济的角度分析一国宏观经济时所要解决的问题。

1　"美国感冒，其他国家打喷嚏"

在封闭经济中，一国主要考虑充分就业与物价稳定，这可以称为**内在均衡**，即国内经济的均衡。在开放经济中，还要考虑到**外在均衡**，即国际收支均衡。这就是说，在开放经济中，要同时考虑内在均衡与外在均衡。

在封闭经济中，短期分析的中心是总需求，这时的总需求是国内总需求。在开放经济中，分析的中心仍然是总需求，但这时的总需求是对国内物品与劳务的总需求，包括国内与国外的需求。而且,影响对国内物品与劳务总需求的因素也有所变化。分析开放经济中的一国经济,我们就要分析各国之间物品与劳务的流动(国际贸易)、资本流动、汇率等因素如何影响一国的内在均衡与外在均衡。我们先从物品市场来开始这种分析。

在分析开放经济中一国物品市场的均衡时,我们为了简单起见假设:第一,不考虑各国资本流动对一国经济的影响。第二,出口取决于国外的需求,假设出口是不变的。第三,进口取决于国内实际GDP,与实际GDP同方向变动。实际GDP增加所引起的进口增加称为边际进口倾向。例如,实际GDP增加了100亿元,进口增加了20亿元,则边际进口倾向为0.2。

在开放经济中,国内总需求变动,不仅影响内在均衡,而且,影响外在均衡。国内总需求增加使实际GDP增加,物价水平上升。在开放经济中,实际GDP增加还会在出口不增加(根据假设)时,增加进口,这样就会使国际收支状况恶化,即国际收支盈余减少,或国际收支赤字增加。

但是,如果总需求的增加不是来自国内的消费与投资需求,而是出口增加,那么,情况就不同了。出口的增加对国内GDP和物价水平的影响仍然相同,但由于边际进口倾向小于1,出口增加引起的实际GDP增加中进口的增加小于出口增加,所以,国际收支状况得到改善,即国际收支盈余增加,或赤字减少。可见在开放经济中,如果总需求增加是由于出口增加引起的,既有利于内在均衡(实际GDP增加有利于增加就是),又有利于外在均衡(改善国际收支状况）。这正是各国都在努力扩大出口的原因。

还应该指出的是，在开放经济中，无论总需求增加是由于国内消费与投资增加，还是由于出口增加，所引起的实际 GDP 的增加小于封闭经济中实际 GDP 的增加。这就是说，在开放经济中，乘数小于封闭经济中。这是因为在总需求增加引起的实际 GDP 增加中，一部分用于进口，从而就没有对国内经济的刺激作用。这时的乘数称为对外贸易乘数，即考虑到国际贸易时的乘数。这一乘数为 1 减边际消费倾向再加边际进口倾向的倒数。例如，如果边际消费倾向为 0.6，边际进口倾向为 0.2，在封闭经济中乘数为 $1/1-0.6=2.5$，但在开放经济中，乘数为 $1/(1-0.6+0.2)\approx1.7$。

在开放经济中，国内各种因素的变动不仅影响国内需求，而且影响进出口。例如，国内价格变动，影响国内价格与国外价格的相对价格，从而影响进出口。如果国内物价水平上升，而国外物价水平没变，这时相对于国外物价水平而言，国内各种物品与劳务的相对价格上升了，国外各种物品与劳务的相对价格下降了，从而出口减少，进口增加。此外，正如弗莱明—芒德尔效应所说明的，利率下降引起汇率贬值，也会增加出口，减少进口。

在开放经济中，各国经济相互依赖，一荣俱荣，一损俱损。通过国际贸易渠道，一国的失业与通货膨胀会扩散到其他国家，这就是开放经济中失业与通货膨胀的传递机制。

如前所述，一国的就业状况主要取决于实际 GDP 的水平。失业的传递正在于通过进出口而影响实际 GDP，进而影响就业。例如,AB 两国是贸易伙伴。A 国发生衰退,实际 GDP 减少,失业增加,对 B 国的进口减少。B 国出口减少,实际 GDP 减少,也发生衰退,失业增加。这样,A 国的失业就通过进出口变动而传递到 B 国。B 国的衰退同样减少了向 A 国的进口,A 国出口减少,又加剧了衰退。AB 两国的这种相互影响可以用"溢出效应"和"回波效应"来解释。溢出效应指 A 国实际 GDP 变动对 B 国的影响,回波效应指受到溢出效应影响的 B 国反过来又对引起溢出效应的 A 国的影响。据经济合作与发展组织的估算,溢出效应和回波效应还是相当重要的。例如,美国对德国的溢出效应为 0.23,即美国实际 GDP 变动 1%会引起德国 GDP 变为 0.23%,德国对美国的回波效应为 0.0115%,即美国实际 GDP 变动 1%,引起德国实际 GDP 变动 0.23%,这又会使美国实际 GDP 再变动 0.0115%。

同样,通货膨胀也会在各国之间传递。例如,AB 两国是贸易伙伴。A 国发生通货膨胀,物价水平上升,这使 A 国与 B 国相比的相对价格上升,从而向 B 国的进口增加。B 国出口增加,使出口部门物价上升,这种物价上升带动了与出口相关的部门物价上升,尤其是这些部门工资与原材料价格上升(为了从其他部门得到生产出口品所需的劳动与原材料),这就最后导致 B 国物价总水平上升,A 国的通货膨胀传递到了 B 国。

当然,在世界经济中各国之间的相互影响大小并不一样,一般来说,取决于国家大小、开放程度高低和边际进口倾向大小。大国对小国影响大;开放程度越高对别国的影响和受别国的影响都大;

边际进口倾向越高对别国的影响和受别国的影响都大。像美国这样国家大、开放程度高,而且边际进口倾向也大的国家对其他国家经济的影响也就大,所以,才有"美国感冒,其他国家打喷嚏"的说法。所以,美国经济的兴衰也就成为各国所关注的问题。

2 "孪生赤字"

开放经济中一国经济通过物品市场和资本市场与其他各国相互联系。净出口衡量物品市场的状况,而国外净投资衡量资本市场的状况。净出口是出口与进口之差,可称为贸易余额,国外净投资是资本流入与流出的差额,可称为资本余额。一国的资本流入是外国对国内的投资,资本流出是国内对国外的净投资,一国对国外的投资减去国外在国内的投资就是国外净投资。例如,其他国家对我国的投资为 1000 亿元,我国对国外的投资为 1200 亿元,我国的国外净投资就为 200 亿元。

物品市场与资本市场是密切关联的,在开放经济中这一点就表现为一国的国外净投资总等于净出口。例如,美国向日本出口了一架波音飞机,日本就要向美国支付日元,美国人可以用这种日元在日本购买证券(投资的一种形式),这样,美国在日本的投资就增加了。美国出口的增加量就等于它在国外投资的增加量。任何一笔出口的增加都会等量地增加一国在国外的净投资,而任何一笔进口的增加都会增加国外在本国的投资,减少本国的国外净投资。因此,净出口总等于国外净投资。

在开放经济中,我们考虑资本市场时,要同时考虑两种资本市场:可贷资金市场与外汇市场。在可贷资金市场上决定国内利率,在外汇市场上决定汇率。这两个市场密切相关,并对一国经济产生重大影响。

在可贷资金市场上,资金的供给来自国民储蓄。国民储蓄包括私人储蓄和公共储蓄(政府财政盈余)。资金的需求来自投资,包括对国内投资和国外净投资。当可贷资金的供求相等时,可贷资金市场均低,决定了利率。这种利率还决定一国的国外净投资。当一国利率高于世界利率时,资本流入,即国外在国内的投资增加,从而该国国外净投资减少。例如,当美国利率上升时,美国债券对美国和德国的基金都更有吸引力,于是美国人多买本国债券而少买外国债券(国外投资减少),德国人多买美国债券(对美国投资增加)而少买本国债券,从而美国的国外净投资减少了。

在外汇市场上,汇率由外汇市场的供求决定。以前我们讲到,国外净投资等于净出口这个公式,我们把这公式的两边作为外汇市场供求双方的代表。以美元的汇率决定为例,国外净投资代表为购买国外资产的美元供给量,例如,在美国某一基金想买德国的某种债券时,就要把美元换为马克,这就为外汇市场供给了美元。美国基金会买德国债券就是国外净投资的增加,这种国外净投资增加决定了美元供给。这种美元供给与汇率没有直接关系,可以假设为不

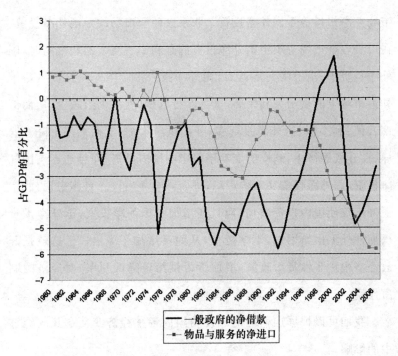

美国的"孪生赤字"(1960—2006)

变的。净出口代表了为购买美国物品与劳务的净出口而需要的美元量。例如,当日本想购买美国的波音飞机时,要把日元换为美元,这就产生了美元的需求。所以,净出口代表外汇市场上的需求。这种需求与汇率相关,因为汇率升值,净出口减少(出口减少而进口增加),美元需求减少;汇率贬值,净出口增加(出口增加而进口减少),美元需求增加。当外汇市场上供求相等时就决定了汇率。

　　在可贷资金市场上,储蓄等于国内投资和国外净投资,在外汇市场上净出口等于国外净投资。联系这两个市场的是国外净投资。在可贷资金市场上决定国外净投资的是利率。当一国利率高时,国外净投资少;当一国利率低时,国外净投资多。国外净投资决定了外汇市场上的供给。利率高,国外净投资少,外汇供给减少,从而汇率升值;利率低,国外净投资多,外汇供给增加,从而汇率下降。这样,在开放经济中,利率的变动不但影响国内投资,而且还影响国外净投资,国外净投资又影响汇率,进而影响净出口。具体来说,利率下降不仅使国内投资增加,而且还增加了国外净投资,国外净投资增加使外汇供给增加,汇率贬值,从而又增加了净出口。这就是开放经济中扩张性货币政策(增加货币供给量降低利率)对经济的刺激作用。

我们可以根据这种理论来说明国内各种经济变动在开放经济中的影响。

第一,财政赤字的影响。如前所述,储蓄是可贷资金市场的供给。储蓄包括私人储蓄和公共储蓄。公共储蓄是政府财政盈余。政府财政赤字增加是储蓄减少,储蓄减少使利率上升,利率上升减少了国外净投资。在外汇市场上,国外净投资减少使外汇供给减少,汇率上升,汇率上升使净出口减少。20 世纪 80 年代之后,美国同时出现了财政赤字和贸易赤字,已说明了财政赤字与贸易赤字之间的必然联系,所以,经济学家把这两种赤字称为"孪生赤字",意思是像孪生子一样同时出现。

第二,贸易政策的影响。贸易政策是一国直接影响出口与进口的政策。我们来看限制性贸易政策,例如进口限额,如何影响经济。当一国采取贸易限制政策对国外净投资并没有实际影响,因为这种政策并没有改变可贷资金市场的供求,也就没有改变利率。这种政策直接影响外汇市场上的需求,即净出口,限制贸易政策没有直接改变出口,但减少了进口,因此,净出口增加,这就使外汇市场上需求增加。外汇市场上国外净投资不变,外汇供给也不变,这样,外汇需求增加就使汇率上升。汇率上升又使出口减少,进口增加,从而净出口又减少。这就得出了一个惊人的结论:限制贸易政策并不会改变贸易余额。这就是说,限制贸易政策所引起的净出口增加和由此引起的汇率上升带来的净出口减少相互抵消,从而贸易余额不变。可见想用限制性贸易政策改变贸易余额并不见效。这也正是经济学家普遍反对采用限制性贸易政策的一个重要原因。

第三,政治不稳定与资本外流。一国政治不稳定会引起资本外流,这会给经济带来什么影响呢? 我们可以用墨西哥的例子来说明这一点。1994 年墨西哥政治动荡,这使资本外流,资本外流增加了墨西哥的国外净投资。在可贷资金市场上,供给(储蓄)改变而需求(国外净投资)增加,这就引起利率上升。利率上升又使墨西哥国外净投资增加。在外汇市场上,国外净投资增加使墨西哥货币比索的供给增加,当净出口不变时,这就引起比索汇率贬值。这也是当时墨西哥出现的真实情况。由此可以看出稳定政治对一个国家在开放经济中实现经济稳定是十分重要的。

3　最优政策配合原理

在封闭经济中经济政策的目标只是实现物价稳定和充分就业，所用的政策工具只在一国范围内起作用。但在现实经济中，既要考虑内在均衡，又要考虑外在均衡，所使用的政策工具更广泛了，即使是原来的财政与货币政策，其作用也发生了变化。

在考虑到同时实现内在均衡与外在均衡时，原来的一些手段就难以达到预期目标了。例如，如果国内经济过热，存在通货膨胀，而又存在国际收支盈余时，采用紧缩性政策可以制止通货膨胀，实现内在均衡。但紧缩性政策使实际 GDP 减少，进口减少，国际收支盈余仍会增加，无法实现外在均衡。这种矛盾就要求我们在开放经济中用一种不同于封闭经济的思维方法去实现内外均衡。

其实经济学家早就发现，正如一支箭不能射中几只鸟儿一样，一种政策工具也不能实现多个政策目标。在开放经济中要同时实现多个政策就要用多种政策工具。使用这些工具的方法就是美国经济学家芒德尔提出的最优政策配合原理。

最优政策配合简单说就是要巧妙把各种政策工具配合起来运用。这是因为一来各种政策都有其积极作用与消极作用，在运用各种政策时应该使其中一种政策的积极作用超过另一种政策的消极作用，或者用一种政策来抵消另一种政策的消极作用；二来同一种

克林顿政府成功的经济政策为美国创造了 10 年的经济繁荣

政策对国内与国外的影响并不一样，要用不同的政策来解决某个问题。90 年代克林顿政府的政策运用，为我们理解这个原理提供了一个很好的范例。

在克林顿政府上台时提出的经济目标，一是实现经济繁荣，二是减少政府债务。实现当年财政收支平衡。从表面来看，这两个目标是有矛盾的。因为 90 年代初老布什当政后期，经济衰退，要走出这种衰退实现经济繁荣，当然应该采用扩张性政策，但要减少政府债务，显然只有采用紧缩性政策。扩张性政策会增加财政赤字，但促成了繁荣，紧缩性政策会减少财政赤字，但加剧了经济衰退。如何才能走出这种政策的困境呢？克林顿的顾问们巧妙地利用了芒德尔关于最优政策配合的分析。

20 世纪 60 年代时，芒德尔就提出，在一个汇率放开，资本自由流动的开放经济中，财政政策对国内经济的影响小，而货币政策对国内经济的影响大。在一个汇率管制，资本流动受到限制的封闭经济中，财政政策对国内经济的影响大，而货币政策对国内经济的影响小。根据这一原理，美国政府采用了紧缩性财政政策和扩张性货币政策相结合的方针。

紧缩性财政政策增加税收，减少支出，可以改善财政收支状况，减少赤字，减少债务。但在开放经济中，这种政策对紧缩总需求的作用并不大。因为赤字减少增加了储蓄，储蓄增加使利率下降，利率下降增加了国外净投资，国民净投资增加，增加了外汇市场上的美元供给，使汇率下降，有利于增加出口，出口增加在很大程度上抵消了总需求的减少。

扩张性货币政策对国内的总需求影响大。首先，扩张性货币政策引起利率下降，利率与股市价格反方向变动，这就使股市价格上升（道·琼斯指数突破一万点大关）。股市价格上升使人们的财产（以股票形式持有的资产）增值，这就刺激了消费者信心，使消费需求增加（边际消费倾向从长期的 0.676 上升到 0.68）。其次，利率下降有利于国内投资增加，而新技术突破（电子信息技术突破）又有了新的有利投资机会，于是投资增加。最后，利率下降引起汇率下降，出口增加。这几方面共同作用的结果，总需求大大增加，这就促成了 90 年代的经济繁荣。

　　当然,美国 20 世纪 90 年代经济的繁荣有多方面的原因,但巧妙地把各种政策配合使用也是一个重要的原因。这说明最优政策配合原理是正确的。这正是芒德尔在 1999 年获得诺贝尔经济学奖的重要原因。

　　在开放经济中政策的运用不仅要考虑经济因素,而且还要考虑政治因素。这使政策的运用更为复杂。但这已超出了经济学的范围,我们也不详细分析了。

　　当我们走向世界时,深感经济的复杂,但只要掌握这些基本原理,就可以根据实际情况正确了解经济,并做出正确的决策。这正是我们要学习经济学的重要原因。愿这本小册子能引导你进入经济学神圣的科学殿堂,使你更能迎接 21 世纪的挑战!

阅 读 书 目

1. **《经济学原理》**(三联书店　北京大学出版社)

作者是美国经济学家格里高利·曼昆。这本书通俗而又有趣味性,是国外畅销的经济学教科书。如果你想读得有趣而轻松可选择这一本。

2. **《经济学》**(华夏出版社)

作者是美国经济学家迈克尔·帕金。这本书内容丰富,也较通俗而有趣,尤其适用于教学。如果想学得较为深入,可以选此书。

3. **《微观经济学纵横谈》和《宏观经济学纵横谈》**(三联书店)

这是梁小民写的两本通俗生动地介绍经济学原理的书,尽管不系统,但用事例、故事介绍经济学,可配合本书来读。

4. **《小民读书》**(福建人民出版社)

这是梁小民写的一本经济学随笔集,以介绍书和人为中心。读起来轻松,可以学到许多经济学知识。

5.《紧握看不见的手》(广东经济出版社)

这是梁小民的另一本经济学随笔集。用经济学原理分析我国转型中的各种现实问题,可以启发你如何运用经济学。

（以上阅读书目由梁小民推荐）

后　　记

　　在答应北大出版社杨书澜女士写这本书时并没有感觉到有多难，但真正动笔写起来时方有一种"越是向前越艰难"的感觉。这是因为把经济学的科学性和通俗性结合在一起，真的不容易。

　　这些年来，我在普及经济学方面做了一些工作，一方面，到各地讲课，把经济学介绍给一些有工作经验，但对经济学并不了解的人士，讲课往往颇受欢迎。实践对我讲课的检验就是请的人越来越多，以至无法应付。另一方面，写了一些通俗性的经济学随笔、散文，其中一些收集在《微观经济学纵横谈》（三联书店）一书中，颇受市场欢迎，也得到许多媒体好评。原以为有这些基础，写这本书问题不大。但在动手写时遇到的两个问题是：第一，要系统地分析这门科学与零星地写一些观点不同。随感而发用个别经济学原理分析问题并不难，但要系统而全面地分析就不容易通俗化了。第二，过去听我课的人是成年人，尽管不一定系统学过经济学，但文化程度都相当高而且有实践经验，理解能力强。这次要为青年人写，还要写通俗，这就不容易了。应该说，我在写作过程中遇到的问题就是科学性系统性与通俗性趣味性的结合问题。

在这本书写作中我想以科学性和系统性为主,让读者对经济学这门科学的内容有一个全面的了解。本书的安排是,第一章介绍经济学的对象与方法,是全书的导论。第二章到第八章介绍微观经济学的内容。第九章到第十六章介绍宏观经济学的内容。第十七章到第十九章介绍国际经济学的内容。这四部分包括了经济学的基本原理。要在一本不到 20 万字的书中把这些内容较全面地介绍出来并不容易。而且,我还想在全面介绍中突出一些重点。例如,一般入门教科书很少涉及企业经营理论,但我觉得这一点对企业管理者还是很重要的,因此,专门作为一章来介绍。有些章节的介绍也不同于传统教科书,比如"家庭决策"部分不是像传统写法一样只介绍消费者的购买决策与效用最大化,而是涉及家庭的劳动供给决策、消费与储蓄决策、储蓄与投资决策等。这对家庭科学理财是有启发的。当然,这样安排与内容是否合适还要由读者评价。

在保证科学性和系统性的情况下,我也想尽量做到通俗化。首先全书不用图形分析和数学推导,力图全部用文字来表述,其次,努力用一些事例来说明经济学的基本原理。但由于篇幅有限,事例用得还不多。写这种普及性著作比写教科书或专著难得多,我在这方面还要不断探索。

写一本通俗而系统的介绍经济学的普及性小册子在我还是第一次,希望听到更多的批评意见和建议。

在市场经济中人人都应该有基本的经济学修养,这有助于每一个人做出理性的决策,祝你学了经济学之后能在市场经济中成功。

梁小民
2001 年 7 月 20 日完稿

编　辑　说　明

自 2001 年 10 月《经济学是什么》问世起，"人文社会科学是什么"丛书已经陆续出版了 17 种，总印数近百万册，平均单品种印数为五万多册，总印次 167 次，单品种印次约 10 次；丛书中的多种或单种图书获得过"第六届国家图书奖提名奖""首届国家图书馆文津图书奖""首届知识工程推荐书目""首届教育部人文社会科学普及奖""第八届全国青年优秀读物一等奖""2002 年全国优秀畅销书""2004 年全国优秀输出版图书奖"等出版界的各种大小奖项；收到过来自不同领域、不同年龄的读者各种形式的阅读反馈，仅通过邮局寄来的信件就装满了几个档案袋……

如今，距离丛书最早的出版已有十多年，我们的社会环境和阅读氛围发生了很大改变，但来自读者的反馈却让这套书依然在以自己的节奏不断重印。一套出版社精心策划、作者认真撰写但几乎没有刻意做过宣传营销的学术普及读物能有如此成绩，让关心这套书的作者、读者、同行、友人都备受鼓舞，也让我们有更大的信心和动力联合作者对这套书重新修订、编校、包装，以飨广大读者。

此次修订涉及内容的增减、排版和编校的完善、装帧设计的变化,期待更多关切的目光和建设性的意见。

感谢丛书的各位作者,你们不仅为广大读者提供了一次获取新知、开阔视野的机会,而且立足当下的大环境,回望十多年前你们对一次"命题作文"的有力支持,真是令人心生敬意,期待与你们有更多有益的合作!

感谢广大未曾谋面的读者,你们对丛书的阅读和支持是我们不懈努力的动力!

感谢知识,让茫茫人海中的我们相遇相知,相伴到永远!

北京大学出版社
2015 年 7 月

"未名·人文社会科学是什么"丛书